ALBUM SECRET

DE

BOURGOGNE

À la mémoire de Guy Renaud dont les œuvres montrent à quel point l'homme de lettres était attaché à la Bourgogne…

En couverture : Après la défaite d'Alésia, Vercingétorix jette ses armes aux pieds de César.
Pages suivantes : Carte du duché de Bourgogne (XVIIe siècle).

ALBUM SECRET

DE

BOURGOGNE

PAR GUY RENAUD

ÉDITIONS OUEST-FRANCE

BVRGVNDIÆ
COMITATVS
Franche comte
MASCONNO
Tornus
Mascon
Husey
Sandon
Chalon
Sone flu
Baugey
Romenay
La tour de Viere
S. Germain
Maruay
S. Vincent
Vincelle
Brange
Verd un
Bleterons
Seure
S. Aulbin
Sagey
Louan
Courlau
Arley
Lepin
Belleue ure
Sellieres
S. Martin
Rye
Chaucin
Coulonne
Amour
S. Agnes
Rochelle
Montagu
Varga
Chastel Chalon
Polegny
Vaneldroy
Cressia
Gigna prior
S. Laurens de la roche
Binnans
Vernamton
Nantua
Monfleur
Orgelet
Sorlin
Merebeaul
Tor du fiest
Ronsie
Montigny
Vaulgrenant
Chumberia
Chauannes
La tour du meix
Cleruaulx
Chalin
Arbois
Mounet
Yuouci
S. Germain
Chostuy
Arancbe
Dain flu
Cologna
Boutauant
Morans
Mont saugeon
Mouron
Remeton
Salins
Raines
Vers
Bonheu abbe
Binalle
Very
SAB
AV
DIÆ
PARS
Compesiere
Gex
S. Claude
Morbierre
Vanno
S. Anne
Geneue
Machelli
Bonsmon
Arberos
Chaux le petit
Sirod
Mont M
Bellerive
Versoix
S. Sursimas
Treilley
Le Lieu
Begnyn
Noseret
Veigre
Copet
Nion
Ouion
S. George
Le Chy
La Motte
Brens
Loysoin
Genollier
Burtigny
Montrochier
Bona
LaR ochete dore
Albone
Rollse
Lysle
Mamo stier
Abbaie de Vemi
Coul
Assy
Rippaille
Estouay
Reuerola
Cossonay
Les Cles
Le Bellet
Feissy
S. Prex
Pentha
Lorbe
Lugni
Frex
Anriō
Fuian
Cressy
Echalens
Effort
Granson
Bottens
Iuerdon
S. Martin
Latour ronde
S. Poll
Der Genffer see
Losan
S. Guiquant
Meileria
La Bouret
Belmont
La Boirgeaux
Mouldon
Fount
Mont
S. Moritz
Latour
de Courge
Grandcourt
PARS
Les Poches
Morcles
Nouilles
Corsie
Actalens
Oron
Petterlingen
Valx
VAL:
Laigle
Burie
Vuvei
Bossonens
Ch. S. Denys
Wjsternes
Cottingen
Motonach
Leysing
Montbena
Wor
Orsonens
Wipping
Mingen
Martinach
S. Pieter
Chapelle
Boll

Brugon
Ville di
Larse flu
Voláine
Arcq
S
Fauernay
Selonge
Ley se perd la
venelle
Mirebeau
Atricourt
Mons Augō
S. Martin
Ausonne
Pontarly
Thalemey
Monnay
Chasteau Villain
Lefau
Langres
Chaumonten
Baßigny
Mutigney
Prantigney
Grey
Orieres
Chargey
Champhe
Pesme
Rigny
Vand am
Ancuze
Leffon
SIGNY
Montreber
Eßey
Chantounay
Montot
Mons
Venere
Beaulieu
Montureux
Raueort
Milliaria Burgundiæ
S. Boirin
Ponisson
Rosefort
S. Loup
Villers chemin
Artane foteine
Milliari Germanica
Marney
Ruffey
Lognon flu
Gys
Veleson
Chamreu
Bussey
Voysey
Ardeul
Rupt
Butier
Oiselay
Iussey
Chastillon ledu
Liefranc
Charey
Besançon
Fondromant
Vesol
Ionuelle
Argitel
Beau prel
Oysdone
Flagi
Chemilly
Montron
La Roche
Fillapater
Froteÿ
Mosa flu
Fellefaoul
Apre
Montfaucon
LOTH
Auilley
Cromary
Noyrey
Faueruey
Varre
Mont Martin
Varte
Beleuaulx
Tole cotebrune
Varolayle boys
Passeuant
Villafans
S. Maria
Conflan
ARIN
Rougomont
Chasteauneuf
Maraultpr
Orsicourt
Orssans
Cleruaux
Lure pricipatus
Fonteny
Cicon
Luxeul
GIÆ
Gorgen
Landresse
Villersexel
Le Doux flu
Fallon
Grainges
Lille
Vennes
Benoir
Faulcougney
Laumōt
Phimer
Chastelet
Montbenoit
Pierre fontaine
Granges
Loux
Dampierre
Passeauant
Charmont
Pont de Vege
court
Arcbet
Reamont
Montbenoit
abbey
PARS
Montbelgard
La Poyrte
Fontaine
Mortau
Varoleilles
Gramviller
Vescoux
Rux
Niuwenburg
Saulxures
Corte fontain
Clermont
Landeren
S. Maurice
Nuwestat
S. Imber
S. Ipolite
Bussans
Girardmer
Tschffis
Vetseh
Ligarts
S. Claus
Granwyler
Buer
Gerbepaul
Pierre port
Sietz
Dattereit
Ragon
S. Damarin

PREMIÈRE PARTIE

LA BOURGOGNE MYSTÉRIEUSE ET MYTHIQUE

Duel d'escrime entre Monsieur de Saint-Georges et Mademoiselle la chevalière d'Éon de Beaumont à *Carlton House* en 1787.

La Bourgogne doit son nom à un peuple mythique dont nous savons peu de choses. Une épopée rédigée au XIIIe siècle et reprise dans la Tétralogie de Wagner, *la Chanson des Nibelungen*, parle d'un royaume ayant pour capitale Worms et où régnait Gunther, roi des Burgondes. L'unité de territoires disparates formant la Bourgogne était le souci principal de Philippe le Bon lorsqu'il décida de créer l'ordre de chevalerie de la Toison d'or. Se faire couronner roi d'un grand territoire nommé Bourgogne était le rêve de Charles le Téméraire, la cérémonie était déjà prête à la cathédrale de Trêves en 1473, mais l'empereur Frédéric III de Habsbourg qui devait officier avait quitté la cité la veille.

Il faut chercher pour trouver les anciennes traces de ce qui a fait (et fait parfois toujours) la richesse de la Bourgogne. Les écomusées sont désormais les garants et les transmetteurs de ce patrimoine en danger de disparition mais sauvegardés au bénéfice de notre mémoire. Il faut aussi se souvenir de tous ces métiers qui ont participé à un savoir-faire régional dont la réputation a dépassé ses frontières.

Enfin, n'oublions pas toutes les « petites gens », hommes et femmes, qui, parfois en marge de la société, ont forgé l'histoire de la Bourgogne. La répression fut parfois terrible, à l'image des crimes commis et d'une justice qui se devait de montrer l'exemple afin de maintenir un pouvoir fort. L'unité de la Bourgogne était à ce prix.

Marie de Bourgogne représentée en souveraine entourée des armoiries de son royaume.

SECRETS D'HISTOIRE

CHAPITRE PREMIER

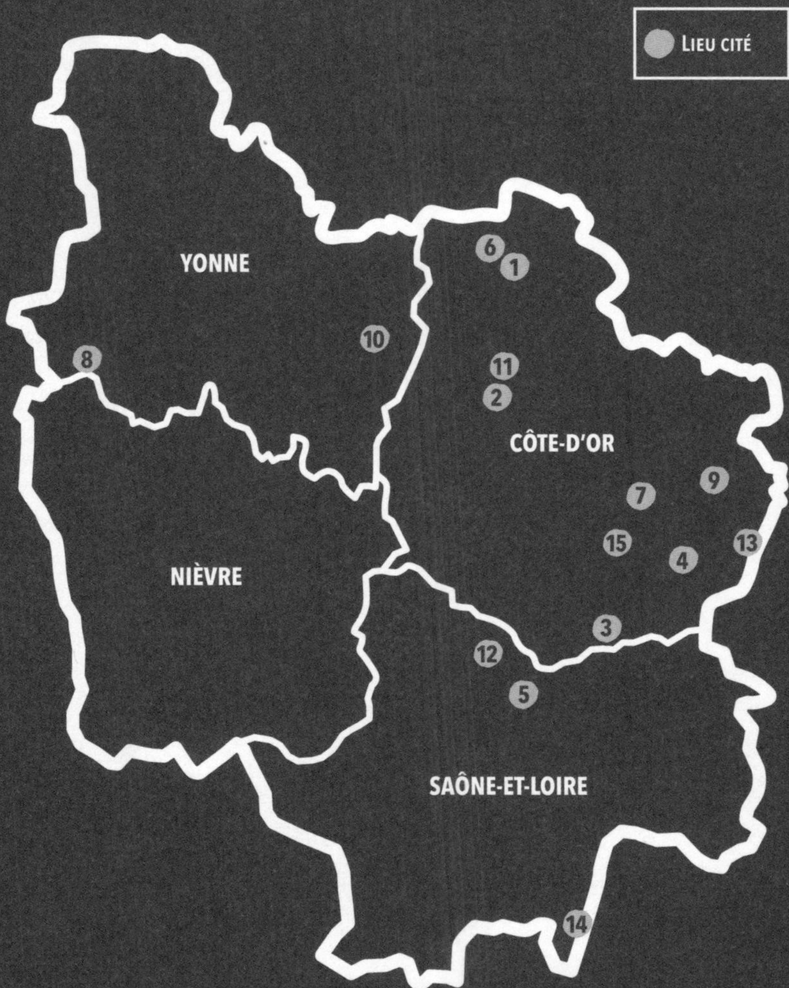

1 Châtillon-sur-Seine
2 Alise-Sainte-Reine
3 Beaune
4 Saint-Nicolas-lès-Cîteaux
5 Couches
6 Pothières
7 Dijon
8 Saint-Fargeau
9 Étevaux
10 Noyers-sur-Serein
11 Bussy-le-Grand
12 Sully
13 Auxonne
14 Mâcon
15 Fixin

La dame de Vix, les Burgondes, saint Vincent, autant d'existences entourées de mystère, que les archéologues ou les historiens tentent en vain de percer.

Le mystère enveloppe les périodes les plus reculées de notre histoire. Difficile de savoir qui était la dame de Vix, dont la tombe a été mise au jour sur le mont Lassois, à côté d'un gigantesque cratère dont on a du mal à cerner la signification. Les archéologues disposent seulement de points de comparaison sur d'autres lieux de fouilles en terre celtique. Bien des siècles plus tard, entrent en scène les Burgondes, dont l'histoire est devenue objet de légendes et sur lesquels on sait peu de choses. Le culte de saint Vincent se perd également dans la nuit des temps, si bien qu'on ignore comment il est parvenu jusqu'en Bourgogne et pourquoi les vignerons l'ont choisi comme saint patron.

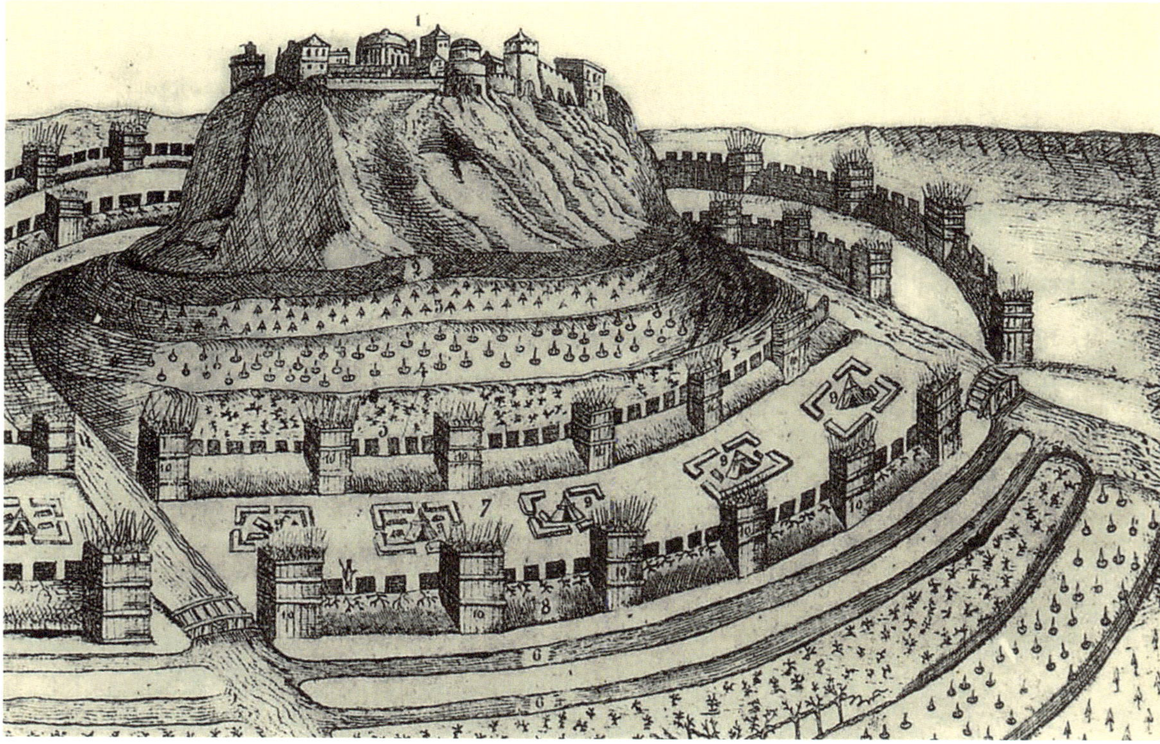

Alésia et les travaux de siège des Romains sur une gravure du XVIe siècle.

Toute légende décèle une part de vérité qu'il est difficile de discerner. Marguerite de Bourgogne a-t-elle été étranglée à Château-Gaillard ou a-t-elle survécu au château de Couches ? Travailler dans les services secrets oblige à cultiver une certaine ambiguïté, comme c'est le cas pour le chevalier d'Éon de Tonnerre, qui a habilement entretenu le secret sur son véritable sexe pour pénétrer certains milieux.

Après le rattachement du duché au royaume en 1477, l'histoire de la Bourgogne rejoint celle de la France. Elle est traversée par Jeanne d'Arc qui se rend à Chinon, est divisée au moment de la Fronde, elle connaît les guerres de Religion, Bonaparte y reçoit, à Autun, sa première formation militaire, Napoléon y est acclamé pendant les Cent-Jours.

Terre de refuge pour des reliques saintes pendant les périodes agitées (saint Philibert à Tournus, saint Vivant à Reulle-Vergy), la Bourgogne peut devenir terre d'exil pour les nobles exclus de la Cour royale : la Grande Mademoiselle à Saint-Fargeau ou le comte de Bussy-Rabutin en son château.

Marguerite de Bourgogne telle qu'elle est figurée sur une gravure de 1832 pour la pièce de théâtre *La Tour de Nesle*.

QUI ÉTAIT LA DAME DE VIX ?

La tombe de la dame de Vix montre que les Celtes du mont Lassois commerçaient avec toute l'Europe : l'ambre vient de la Baltique, le corail de Méditerranée, les coupes sont athéniennes, la cruche est étrusque…

Le 1er janvier 1953, Maurice Moisson, chef d'un chantier archéologique autour du mont Lassois, tirait de son sommeil millénaire une princesse ou une prêtresse qui reposait allongée sur un char à quatre roues dont les parties métalliques ont été conservées. Elle était richement parée de bijoux : un grand torque en bronze, des anneaux en bronze et en lignite aux bras et aux jambes, des perles d'ambre. À ses côtés, un immense cratère en bronze d'une contenance de 1 100 litres, portant des gravures qui dénotent une influence grecque. La tombe a été datée du VIe siècle avant Jésus-Christ, la dame avait entre 30 et 35 ans, une entaille sur le crâne évoque une chute qui aurait causé son décès.

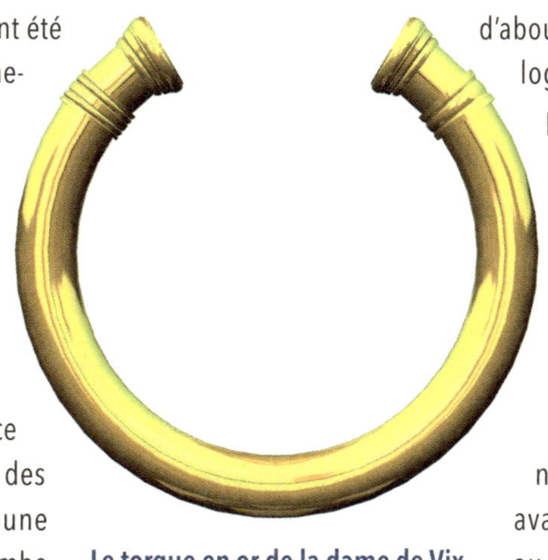

Le torque en or de la dame de Vix, qui devait être de haute naissance.

La richesse de la parure met sur la voie d'une princesse celtique. Le vase était-il une offrande à une famille qui autorisait le commerce de l'étain, dont la route venue de Cornouaille traversait la Bourgogne avant d'aboutir en Italie ? Des archéologues donnent une autre piste. Il s'agirait d'une prêtresse, la coupe en argent trouvée à ses côtés pouvait servir à un rite religieux : elle répandait un liquide sur le sol pour honorer une divinité. Le cérémonial pouvait se dérouler avant le départ d'hommes au combat, comme le suggèrent les guerriers figurés sur le vase. Enfin, tout cela évoque une cérémonie de banquet tel qu'on l'observe dans des tombes étrusques.

La dame de Vix était peut-être une prêtresse…

Le vase de Vix au musée

Une salle entière est consacrée à l'exceptionnelle découverte au musée du pays châtillonnais. On peut y voir le cratère décoré d'une frise de soldats grecs, mais aussi les roues du chariot et les parures que portait la princesse ou prêtresse : collier d'ambre et torque en or. Les collections sont magnifiquement présentées dans l'ancienne abbaye Notre-Dame de Châtillon-sur-Seine.

Site Web : www.musee-vix.fr

OÙ SE TROUVE ALÉSIA ?

« La Gaule unie, / Formant une seule nation, / Animée d'un même esprit / Peut défier l'Univers. »
(Citation de la Guerre des Gaules de César inscrite sur le socle de la statue de Vercingétorix à Alésia sur l'initiative de Napoléon III.)

« Alésia, connais pas ! Personne ne sait où est Alésia », s'écrie Abraracourcix dans *Le Bouclier Arverne*. Pendant des décennies en effet, les érudits se sont querellés pour localiser la bataille décisive qui a mis fin à la rébellion sous les auspices de Vercingétorix. Il est vrai que la description que fait César du site est assez vague pour laisser la place à plusieurs interprétations. Il parle de deux rivières au pied d'une colline, et d'un paysage de monticules semblables autour d'une plaine. Sa description s'applique au site côte-d'orien d'Alise : les rivières sont l'Oze et l'Ozerain, la plaine celle des Laumes, les hauteurs sont le mont Réa, la montagne de Flavigny, le mont Pennevelle et la montagne de Bussy. En outre, des fouilles organisées sur place par Napoléon III, puis

Le « Muséoparc » d'Alésia

Le site d'Alésia demeure dans l'inconscient collectif un lieu symbolique de résistance et d'union nationale, comme le montre sur place la statue de Vercingétorix érigée à l'instigation de Napoléon III. Le département de la Côte-d'Or a décidé d'y implanter un vaste « Muséoparc », centre d'interprétation qui présente un film sur le déroulement de la bataille, des vitrines d'exposition expliquant la civilisation romaine. Des animations montrent des combats entre Romains et Gaulois. À l'extérieur, un parcours permet de se faire une idée du siège, avec les palissades et les tours de guet.

Tél. : 03 80 96 96 23, www.alesia.com

Vercingétorix : son nom signifie le « plus puissant des fils de roi ».

Vercingétorix jette ses armes aux pieds de Jules César.

plus récemment par une équipe franco-allemande d'archéologues (1991-1995) ont mis au jour des monnaies gauloises de l'époque de Vercingétorix, dont certaines à son effigie, des balles de fronde en plomb, dont deux marquées au nom de Labenius, lieutenant de César, et des ossements de deux races différentes de chevaux, ce qui étaie l'hypothèse d'une bataille entre deux armées. Quelques irréductibles Francs-Comtois localisent le champ de bataille à Alaise dans le Jura, à une vingtaine de kilomètres au sud de Besançon. Ils s'appuient principalement sur la similitude du nom avec Alésia.

LES BURGONDES, PEUPLE MYSTÉRIEUX

« [Les princes de Burgondie] habitaient en leur puissance à Worms sur le Rhin. Beaucoup de fiers chevaliers les servirent avec grand honneur jusqu'à leur mort. »
(*La Chanson des Nibelungen*, traduction Émile de Laveleye)

La Bourgogne doit son nom à une peuplade dont l'histoire est devenue légendaire. Venus de l'île de Bornholm dans la Baltique, les Burgondes ont migré vers le sud et ont fondé un royaume dont la capitale était Worms. C'est là que se déroule la saga des Nibelungen, dont Richard Wagner s'est emparé dans sa Tétralogie. Ils ont été ensuite chassés par les Huns et ont trouvé refuge sur un territoire autour du lac de Genève appelé Sapaudia. À la fin du ve siècle, ils mettent à profit la faiblesse de l'Empire romain pour pousser vers l'ouest et fonder un vaste royaume qui dépassait les limites actuelles de la Bourgogne, car il s'étendait de la Champagne à la Durance et des Cévennes à la Suisse. Lyon devient leur capitale en 467, ils sont à Dijon en 479, un peu plus tard à Beaune. Ils semblent avoir été bien accueillis par les autochtones qui leur permettaient d'être jugés selon leurs propres lois.

Clotilde, princesse burgonde devenue reine des Francs en épousant Clovis.

Marius d'Avenches, évêque d'Autun, écrit dans sa chronique sous l'an 456 : « Cette année-là, les Burgondes occupèrent une partie de la Gaule et partagèrent la terre avec les sénateurs gaulois. » Les nouveaux arrivés leur offraient une protection militaire en échange du versement d'un impôt qu'ils payaient déjà à un Empire romain incapable de l'assurer. La loi Gombette est particulièrement sévère envers les brigands : « Si un esclave s'introduit la nuit dans une vigne pour y commettre un vol, qu'il soit mis à mort » (article 4). Dans une nécropole beaunoise, ils sont enterrés à part et portent des plaques-boucles d'inspiration wisigothiques en bronze doré et verre. Mais en 524, le roi burgonde Sigismond est livré aux Francs par son propre frère : « On le conduisit en Francie, et là, on le jeta dans un puits avec sa femme et ses enfants. » Dès lors, les Francs mettent à profit les dissensions dans les rangs burgondes pour prendre le contrôle du territoire.

La mort de Sigismond.

LA BIBLE DE L'ABBÉ DE CÎTEAUX, ANCÊTRE DE LA BD

Dans le silence du scriptorium,
des moines de Cîteaux se sont attelés à une tâche de longue haleine.

Sous la direction de leur abbé Étienne Harding, il s'agissait de composer et d'enluminer une Bible à partir du texte reconstitué de la Vulgate de saint Jérôme, un ouvrage indispensable à toute abbaye, car elle rythme la vie quotidienne des moines. Dans cette œuvre datée de 1109 et conservée à la bibliothèque municipale de Dijon, une planche entière est consacrée à l'histoire de David. Elle a la particularité d'anticiper ce qui deviendra le neuvième art : la bande dessinée. Elle se déroule sur cinq étages de dix-sept cases, isolées par des lignes rouges et bleues. On y trouve les techniques majeures de la mise en page employées par les illustrateurs d'aujourd'hui : débordement du cadre (le géant Goliath), transitions d'une case à l'autre (la queue du lion mène à la case suivante), effets cinétiques (David tire l'épée de son fourreau), taille différente des modules indiquant un rythme plus ou moins lent de l'action.

Étienne Harding

Né en 1059, Étienne Harding est d'origine anglaise. Très jeune, il rejoint le monastère de Sherburn, près de Salisbury, comté de Dorset. Il parfait ensuite sa formation en Irlande puis à l'abbaye de Molesme, en Champagne. Avec Robert de Molesme et Albéric, il fait partie du petit groupe de moines qui, en 1098, va fonder le « nouveau monastère » à Cîteaux. Très lettré, il a un goût pour les beaux manuscrits. Pour la Bible, il fait appel à des rabbins afin de comparer les textes saints en hébreu avec sa propre version. Juste après la Bible, il supervise la rédaction des *Moralia in Job*, riches en enluminures. On y voit dans les initiales des moines au travail : vignerons, bûcherons, vendangeurs, moissonneurs. Étienne Harding abandonne l'abbatiat en 1133 et décède le 28 mars 1134. Les critiques de saint Bernard contre les fioritures dans les manuscrits sont postérieures à son décès, ce qui explique la richesse ornementale des écrits.

Scène de la vie du roi David, extraite de la Bible de Cîteaux.

MARGUERITE DE BOURGOGNE EST-ELLE MORTE AU CHÂTEAU DE COUCHES ?

La tour de Nesle à Paris, aujourd'hui disparue, est souvent citée pour évoquer les aventures galantes de Marguerite de Bourgogne, mais celle-ci a aussi laissé des traces en Bourgogne.

Petite-fille de Saint-Louis par sa mère, Marguerite de Bourgogne est née à Dijon en 1290. Elle a vécu les jours heureux de sa jeunesse au château de ses parents à Couches (Saône-et-Loire). En 1305, elle devient reine de Navarre en épousant un fils de Philippe le Bel, le futur Louis X, dit le Hutin. Par ses aventures amoureuses ayant pour cadre la tour de Nesle à Paris, elle a défrayé la chronique. Une légende raconte qu'après avoir passé la nuit avec ses amants, elle les jetait dans la Seine, cousus dans un sac.

Après sa condamnation pour adultère, elle est tondue et revêtue d'une robe de bure, puis enfermée le 19 avril 1314 dans la forteresse de Château-Gaillard, proche des Andelys. Le 29 novembre 1314, au décès de Philippe le Bel, elle devient reine de France. Louis le Hutin a le projet de faire annuler son mariage par le pape, mais celui-ci n'a pas encore été désigné par le conclave réuni à Avignon. Une thèse se développe, selon laquelle le roi aurait fait étrangler sa femme dans son cachot, le 30 avril 1315. L'histoire pourrait s'arrêter là, mais une autre version de la fin de Marguerite circule à Couches. En réalité, sa cousine Marie de Beaufremont, dame de Couches, l'aurait prise sous sa protection et fait transférer en son château, où elle serait décédée en 1333, à l'âge de 63 ans. Selon le docteur Taupenot, auteur du livre *Les Marguerite de Bourgogne* paru en 1996, la reine aurait pu être inhumée au prieuré du Val-Saint-Benoît, non loin d'Épinac, où se trouverait son gisant.

Marguerite de Bourgogne.

La légende dit que Marguerite de Bourgogne aurait été étranglée.

Le château de Couches

Le château fort de Couches sur son éperon rocheux a encore fière allure, on peut y visiter le donjon, la tourelle hexagonale bâtie par Claude de Montaigu, la chapelle gothique consacrée par le cardinal Rolin évêque d'Autun, et les souterrains mystérieux. C'est aujourd'hui la propriété d'une société civile.

www.chateaudecouches.com,

tél. : 03 85 45 57 99.

Le château de Couches dont les oubliettes gardent leurs secrets.

JEANNE D'ARC DE PASSAGE EN BOURGOGNE

Partie de Vaucouleurs le 13 février 1429, Jeanne d'Arc arrive à Chinon le 23 février après onze étapes de 50 à 60 kilomètres. Déguisée en homme, elle est accompagnée de son frère Pierre, de Jean Colet de Vienne, Jean de Metz et quatre autres personnes.

L'escorte doit traverser une partie de la France occupée par les Anglais, qui bénéficient de l'aide des Bourguignons. Avant de partir, Jeanne déclare à Robert de Baudricourt : « *J'irai jusqu'à Chinon, dussé-je pour y aller, user mes jambes jusqu'aux genoux.* » Son oncle lui a acheté un cheval de labour. La petite troupe doit éviter les voies fréquentées et les villages aux mains de l'ennemi, cheminer de nuit et parfois envelopper les sabots des chevaux de linges pour amortir le bruit des pas. Jean de Metz est un chevalier aguerri, qui connaît les dangers des grands chemins.

Jeanne d'Arc galvanisant ses troupes.

Sur le socle d'une statue en pierre à l'entrée de l'ancienne abbaye bénédictine de Pothières (Côte-d'Or), fondée au IXe siècle par Gérard de Roussillon, on peut lire l'inscription suivante : « L'an 1429, le samedi 26 février, sainte Jeanne d'Arc, venant de l'abbaye de Clairvaux et se dirigeant vers Auxerre, fut hébergée en cette abbaye bénédictine de Pothières avec ses six compagnons. Gloire à sainte Jeanne d'Arc. » La date du 26 février semble erronée, car selon les historiens, l'entrevue entre Jeanne et le roi aurait eu lieu à Chinon, le soir du 25 février.

L'entrée de l'abbaye étant interdite aux femmes, Jeanne a probablement passé la nuit dans la maison voisine, dite « la Tour ».

De Vaucouleurs à Chinon, le voyage se fit en onze étapes de 50 à 60 kilomètres.

Après avoir fait sacrer Charles VII à Reims et échoué devant Paris, Jeanne se dirige vers la Loire et retraverse la Bourgogne. Le 16 septembre 1429, elle se présente à la porte de Sens, occupée depuis dix ans par les Anglais. La garde anglaise ayant refusé le passage, la petite troupe ne peut emprunter le pont sur l'Yonne. Elle passe la rivière à gué en face du monastère de Sainte-Colombe et arrivera à Gien le 21 septembre.

Jeanne d'Arc à cheval, dessinée par Job pour l'imagerie d'Épinal (XIXe siècle).

LE PRINCE DE CONDÉ TRAQUÉ AU CHÂTEAU DE NOYERS-SUR-SEREIN

« C'était un si grand abord à Noyers que le Louvre en comparaison était un désert. Toute la noblesse de leur parti accourut en foule pour les voir, et quand dix gentilshommes sortaient par une porte, vingt rentraient par une autre. »
(De Gatien de Courtilz de Sandras, La vie de Gaspard de Coligny)

En cette année 1558, pendant que le prince de Condé et l'amiral de Coligny tenaient leurs conciliabules à Noyers ou au château de Tanlay, la province se remplissait de soldats. Les ponts, les gués, les moindres passages étaient gardés, des troupes entouraient le château. La Cour, voyant qu'il serait difficile de prendre La Rochelle, décida de supprimer les deux têtes : l'amiral de

Le château de Tanlay.

Reconstitution du château de Noyers-sur-Serain.

Coligny et le prince de Condé. On envoya un espion à Noyers, pour voir de quelle manière le château était fait, quel monde il y avait dedans et s'il y avait moyen de s'en emparer. L'homme entra facilement, se faisant passer pour l'envoyé d'un riche fermier de la région, quelques poulets lui servirent de passeport. Il fut trop bavard et éveilla les soupçons, on commença à le surveiller de plus près. Étant revenu de nuit pour sonder les fossés, il fut pris sur le fait et arrêté.

Le comte de Tavannes, gouverneur de la Bourgogne, reçut l'ordre de la Cour de se saisir du prince de Condé. La lettre n'était pas signée du roi, mais de Catherine de Médicis, il décida de ne pas exécuter l'ordre et usa de stratagèmes. Il fit circuler autour de Noyers des messagers avec des lettres à la Cour, où il écrivait : « Le cerf est aux toiles (*il est cerné*), la chasse est préparée. » Les émissaires furent pris, comme le souhaitait De Tavannes.

La situation était devenue intenable pour les réformés. Le 23 août 1568, le prince de Condé quittait Noyers en toute hâte avec ses jeunes enfants et sa femme, alors enceinte, l'amiral de Coligny et sa fille, Madame d'Andelot et son fils, et environ 150 cavaliers qui les escortaient. Ils passèrent la Loire à Sancerre et arrivèrent à La Rochelle le 18 septembre. La troisième guerre de Religion avait commencé.

Louis 1er de Bourbon-Condé.

COMMENT LE MAIRE DE DIJON ÉCHAPPA AUX FRONDEURS

Le 18 janvier 1650, le prince de Condé, gouverneur de la Bourgogne, est arrêté et enfermé au château de Vincennes.

Cet événement provoque une scission parmi les notables dijonnais : le maire Marc-Antoine Millotet prend contre vents et marées le parti du roi, tandis que le premier président du Parlement de Bourgogne, Jean Bouchu, soutient les Frondeurs appuyé par tous les magistrats qui doivent leur nomination au prince, gouverneur de la province pendant vingt ans.
À la libération du prince de Condé le 7 février 1651, une grande agitation s'est emparée de la ville de Dijon. Les partisans de la Fronde se répandent dans les rues et molestent les partisans du roi. Marc-Antoine Millotet est particulièrement visé. Terré dans son vaste hôtel particulier de la rue de la Poulaillerie (actuelle rue Piron), il a recours à un stratagème, alors que sa demeure est encerclée par des opposants.

Louis II de Bourbon-Condé.

Il fait mettre devant chaque fenêtre au nombre de trente, sur deux étages, deux ou trois chandelles, pour faire croire que derrière chacune se trouvent des hommes armés. Il sort ensuite de chez lui, accompagné de son fils, de ses domestiques et de quelques amis, deux flambeaux et une pertuisane à la main, et apostrophe la foule : *« Venez, canailles, vous ne tuerez point votre maire au coin du feu. »* Les assaillants prennent la fuite.

Le lendemain matin à huit heures, le maire est escorté par vingt sergents jusqu'à l'hôtel de ville. Il fait publier une ordonnance interdisant à toute personne, sous quelque prétexte que ce soit, de prendre les armes sans autorisation du maire. En même temps, il fait tirer le canon pour saluer la libération du prince de Condé.

Marc-Antoine Millotet

Marc-Antoine Millotet fut l'âme du parti royaliste en Bourgogne, à l'époque de la Fronde. Son action fut décisive : il parvient à tenir en échec les partisans du prince de Condé au Parlement, persuade les commandants de garnison de Dijon de rester fidèles au roi et avertit la municipalité dijonnaise de préparatifs de guerre au château, tenu par les Frondeurs.

Jean Bouchu, 1er président du Parlement de Dijon.

LA GRANDE MADEMOISELLE EN EXIL À SAINT-FARGEAU

« Nous arrivâmes à Saint-Fargeau à deux heures de nuit, il fallut mettre pied à terre, le pont était rompu. J'entrai dans une vieille maison où il n'y avait ni portes ni fenêtres, et de l'herbe jusqu'aux genoux, dans la cour. J'en eus une grande horreur. »
(Mémoires de Mlle de Montpensier)

Pour avoir activement participé à la Fronde contre Louis XIV, Anne-Marie-Louise d'Orléans, duchesse de Montpensier et de Saint-Fargeau, petite-fille d'Henri IV et cousine germaine du roi, est bannie de la Cour et doit s'exiler, en 1652, sur ses terres de Saint-Fargeau. Le château est à l'abandon et la Grande Mademoiselle doit passer ses premières nuits dans un petit castel des environs, chez un contrôleur de ses domaines, où elle restera trois jours. De retour en sa demeure, elle est rassurée d'apprendre qu'elle a une double issue en cas de danger. Le premier lit où elle dort appartenait au précédent propriétaire, elle note avec humour : « Par bonheur pour moi, le bailli de Saint-Fargeau était marié depuis peu, ainsi il avait un lit neuf. » La première nuit qu'elle y passe, elle est hantée par le fantôme d'un frère de lait qui est mort le même jour.

Le château de Saint-Fargeau.

Faisant contre mauvaise fortune bon cœur, elle entreprend des transformations dans son domaine. Elle fait aménager un théâtre, où ses invitées emmitouflées assistent à des ballets de Lully. C'est ici que selon une légende il aurait composé le fameux air « Au clair de la lune ».

Anne-Marie-Louise d'Orléans, Duchesse de Montpensier, dite la Grande Mademoiselle.

La châtelaine organise des chasses à courre, elle fait venir d'Angleterre chevaux et chiens. Elle fait transformer la façade sur cour du château par François Le Vau, frère de l'architecte de Versailles et fait dessiner un jardin à la française.Découvrant la solitude, elle s'adonne à la lecture et commence à rédiger ses mémoires, alors qu'elle n'a que vingt-cinq ans.

Elle adore faire des promenades à cheval dans la campagne environnante.

L'exil dura cinq ans, mademoiselle de Montpensier quittera Saint-Fargeau pour le château d'Eu. Elle fera un nouveau court séjour en Bourgogne en octobre 1672, après avoir refusé d'épouser Alphonse VI, roi du Portugal.

LE COMTE DE BUSSY-RABUTIN, UN COURTISAN EN EXIL

Pour avoir rédigé des écrits diffusés contre son gré et où sont narrées les intrigues amoureuses de la Cour, le comte de Bussy-Rabutin est enfermé sur ordre de Louis XIV à la Bastille, le 16 avril 1665.

L'œuvre par qui le scandale est arrivé… (édition du XXe siècle).

Libéré, il est envoyé en exil en Bourgogne le 16 septembre 1666. Pendant dix-sept ans, il vivra sur ses terres au château de Bussy-Rabutin, qu'il embellit et orne de tableaux accompagnés de devises vengeresses. À côté de Pygmalion amoureux d'une statue, il commente : *« Tout le monde en amour est toujours dupé/ Les femmes nous en font accroire/ Si vous voulez aimer et n'être point trompé/ Aimez une femme d'ivoire. »* Sous un portrait de Louis XIV, on peut lire : « Les délices et la terreur du genre humain ».

Pendant ses années d'exil, il entretient une abondante correspondance avec sa cousine Madame de Sévigné et plusieurs connaissances qui le tiennent au courant de ce qui se passe à Versailles. Il affecte de faire contre mauvaise fortune bon cœur, lorsque, par exemple, il écrit le 19 janvier 1667 à la marquise de *** : « Je ne m'ennuie pas tant ici que je pensais, Madame ; je trouve que le temps aide fort à se désaccoutumer de tout, et qu'on se détache de Paris comme du reste. »

Le château de Bussy-Rabutin.

Il embellit sa demeure, reçoit des amis de province, leur rend visite, se réjouit de n'avoir ni maître ni maîtresse. Il dit avoir renoncé à l'ambition et à l'amour et affirme que l'on peut vivre heureux sans ces deux passions.
En filigrane de sa correspondance, on sent cependant une grande tristesse à ne pas être reconnu à sa juste valeur par le roi. Il écrit : « Je l'aime toujours, quoi qu'il me fasse, car je suis persuadé que s'il me connaissait, il me traiterait mieux, et j'espère qu'il me connaîtra un jour. » Sa douleur grandit lorsque Louis XIV part en campagne pour conquérir la Franche-Comté, en 1667. Il écrit au roi et le supplie de lui permettre « d'aller chercher la mort pour son service ». Lorsque le monarque est de passage à Dijon, il sollicite une entrevue, mais se heurte à une fin de non-recevoir.

Le comte de Bussy-Rabutin.

DIJON, 1784 : GUYTON DE MORVEAU S'ENVOLE

Ce matin du dimanche 12 juin 1784, une foule nombreuse s'était massée parc des Argentières pour assister à un spectacle peu ordinaire : le décollage d'un aérostat au bord duquel étaient montés Guyton de Morveau, avocat général honoraire du Parlement de Dijon, et Monsieur de Virely, président de la chambre des comptes.

L'enveloppe du ballon était en taffetas enduit de glu et d'huile de lin. Gonflé à l'hydrogène, il était muni de voiles, d'une rame et d'un gouvernail. Il s'agit d'une des premières tentatives de diriger un ballon. Parti de Dijon à 7 h 50 du matin, l'engin survole Ruffey, Saint-Julien, Arcelot, avant d'arriver à 9 h 45 à Étevaux, à 21 kilomètres au nord-est de son point de départ. Les paysans du village ébahis courent derrière l'aérostat, le vicaire en tête. Afin d'immobiliser le ballon, ils se mettent à lancer vers la nacelle des chaînes de fer et des sabots en guise de lest. Le principal souci du curé du village est que les piétinements autour du ballon ne gâtent pas le blé, il le fait légèrement déplacer vers une prairie. Tirée par les habitants, la nacelle est ensuite conduite jusqu'au presbytère, où les deux voyageurs ont pu mettre pied à terre. S'en suit une réception à laquelle participent Monsieur

Guyton de Morveau

Louis-Bernard Guyton de Morveau fut avocat général au Parlement de Bourgogne, de 1762 à 1782. À son initiative, l'académie des sciences, arts et belles-lettres de Dijon a organisé des cours publics de chimie, de médecine, d'astronomie et d'anatomie. En 1776, il fait installer le premier paratonnerre à Dijon, sur le toit de l'académie (ancien rectorat, rue Monge). Chimiste reconnu, il a participé à la rédaction du supplément de l'*Encyclopédie* de Diderot et D'Alembert. En 1785, il a organisé deux vols en ballon dans la région dijonnaise.

de Vesvrotte, président de l'académie des sciences de Dijon, qui a financé l'expédition, et du marquis de Chassenay, tous deux avaient suivi à cheval le vol de l'aérostat. Le ballon déchargé fut ramené en voiture à son point de départ à Dijon, où les aventuriers arrivèrent à quatre heures de l'après-midi.

L'expérience aérostatique de 1784.

CHÂTEAU DE SULLY : LA MARQUISE CONSERVÉE DANS DU MARC DE BOURGOGNE

Quand vient le soir au château, le fantôme de la marquise de Mac-Mahon vient hanter les chambres.

Charlotte Le Belin, née en 1714, épouse en 1750 en secondes noces un médecin d'origine irlandaise, Jean-Baptiste marquis de Mac-Mahon, qui est venu se fixer en région autunoise. En avril 1792, elle est à Sully où elle veille sur ses domaines, tandis que ses deux fils figurent sur la liste des émigrés. L'aîné Charles-Laure a rejoint, à Coblence, l'armée des Princes, dont il dirige un régiment. Le régisseur du château, Claude Charles Beaune, se rend régulièrement en Belgique où il fournit des subsides aux émigrés. La marquise est complice, tous deux sont dénoncés, arrêtés et accusés d'intelligence avec l'ennemi.

Eau de vie issue de la distillation de marc de raisin, le marc de Bourgogne titre 40 % de volume en alcool.

Le 9 mai 1794 est prise la décision de transférer la marquise à Paris, où elle doit comparaitre devant un tribunal révolutionnaire. L'escorte s'arrête en chemin à Saulieu, où elle séjourne trois mois. Madame de Mac-Mahon réussit à échapper à ses surveillants après leur avoir versé une somme importante, elle est de retour au château de Sully, où elle est placée en résidence surveillée. Elle y restera jusqu'à son décès en juillet 1798.

C'est là que se greffe une anecdote peu véridique qui aurait épargné au château sa vente comme

Le château de Sully

Le château de Sully se trouve entre Beaune et Autun. Il est ouvert aux visites. Il est aujourd'hui propriété de la duchesse de Magenta qui y réside. Construit à l'époque de la Renaissance (1570-1610), c'est le lieu de naissance du maréchal de Mac-Mahon, président de la République de 1873 à 1879. Il a été classé Monument historique en 1995.

bien national. Le régisseur Beaune a inventé un stratagème pour masquer la mort de sa maîtresse, afin que le château ne soit pas récupéré par les révolutionnaires en qualité de biens de la noblesse. Il décide de conserver la marquise dans un pétrin rempli de marc de Bourgogne. Les représentants du pouvoir qui viennent faire une visite domiciliaire sont conduits dans la chambre et sont priés de ne pas faire trop de bruit, la marquise est si faible.

D'AUTUN À AUXONNE : LE LIEUTENANT BONAPARTE EN BOURGOGNE

Bonaparte a 9 ans lorsqu'il arrive le 1er janvier 1779 à l'école militaire d'Autun, accompagné de son frère Joseph.

Il vient directement de sa Corse natale et doit prendre quelques cours de français auprès d'un abbé. Son séjour à Autun sera bref, car son père a obtenu une bourse à l'école de Brienne (Aube), qu'il rejoint le 21 avril 1779. Sa première affectation en qualité de second lieutenant le conduit en juin 1788, à Auxonne (Côte-d'Or), où se trouve une école royale d'artillerie.
La chronique locale lui attribue une idylle avec la fille d'un marchand de bois de cette ville, dont il aurait fait la connaissance en allant chercher une commande. On raconte que les deux jeunes gens désiraient se marier, mais le père de la jeune fille aurait qualifié Bonaparte de « petit lieutenant sans envergure » et, de surcroît, coureur de dot. Il est avéré, en tout cas, que le jeune lieutenant avait du succès auprès des dames, en particulier de la comtesse de Berbis, qui l'a invité à plusieurs reprises en son hôtel particulier. Selon sa correspondance, le jeune officier trouve le climat malsain à cause de l'humidité et des fréquents débordements de la Saône.

Le jeune Napoléon Bonaparte.

Le jeune Napoléon Bonaparte à l'école royale d'artillerie d'Auxonne.

Atteint d'une crampe au cours d'une baignade, il a bien failli se noyer.

Pendant qu'il était en garnison à Auxonne, il a été appelé à mater une révolte à Seurre, le 31 mars 1789. En colère à cause de la disette qui faisait suite à une mauvaise récolte, des habitants bloquaient le chargement d'un bateau de blé en bord de Saône. Le maire a fait appel au gouverneur de la province, qui a envoyé la troupe pour calmer la révolte. À la Révolution, le 19 juillet 1789, Bonaparte doit rétablir l'ordre à Auxonne, où le corps de garde a été attaqué. Le 23 août, il prête serment et jure de rester fidèle à la nation, au roi et à la loi. Il quitte Auxonne le 14 juin 1791.

Devenu Premier Consul, Bonaparte fera deux courts séjours à Dijon : le 7 mai 1800, en route vers l'Italie, il loge à l'hôtel Bouhier de Lantenay (actuelle Préfecture). Le 30 juin, après la victoire de Marengo, il est hébergé par le général Brune à l'hôtel Esmonin de Dampierre.

LE VOL DE L'AIGLE EN BOURGOGNE

Le soir du 13 mars 1815, Mâcon est en liesse, les façades des bâtiments le long de la Saône sont illuminées. La ville attend l'arrivée de Napoléon, qui a débarqué le 1er mars à Golfe-Juan.

L'empereur arrive à 21 heures, il refuse l'hébergement préparé par la Préfecture et va directement s'enfermer à l'hôtel du Sauvage. Il ne participe dans la soirée à aucune réception.

Michel Ney, duc d'Elchingen, prince de la Moskowa et maréchal d'Empire.

S'il en veut tellement aux Mâconnais, c'est parce qu'en 1814 ils ont livré la ville à l'ennemi autrichien, sans combattre. Le maire de l'époque, Louis Bonne, avait jugé que toute résistance aurait eu pour conséquence un bombardement de la ville. Le 14 mars à 7 heures du matin, Napoléon quitte Mâcon, « ville égarée et indigne de la nation », pour Tournus où il va arriver à 9 heures sous une pluie battante. L'accueil des habitants est tout aussi enthousiaste, depuis quelques jours déjà les drapeaux blancs ont été remplacés par les drapeaux tricolores. Napoléon décerne à la ville la Légion d'honneur pour sa résistance lors des combats du 23 janvier 1814. Il repart ensuite pour Chalon-sur-Saône, qui se voit aussi gratifiée de la même décoration pour sa résistance de quarante jours face aux Autrichiens, l'année précédente. Napoléon loge à l'hôtel du Parc.

Le lendemain, il est à Autun, où il passe la nuit à l'hôtel Saint-Louis et de la Poste, il harangue la foule massée devant l'établissement : « *Mon pouvoir est plus légitime que celui des Bourbons et je le tiens de ce peuple.* »

Une rencontre décisive a lieu à Auxerre, où Napoléon est arrivé le 17 mars. Parti de Paris pour

La rencontre, à Auxerre, entre Napoléon Bonaparte et le maréchal Ney.

l'arrêter sur ordre de Louis XVIII, le maréchal Ney parvient à Auxerre le même jour avec ses troupes, ayant en chemin décidé de faire allégeance. Il devra cependant patienter jusqu'au lendemain pour être reçu. Le maréchal s'excuse auprès de Napoléon, qui constate : « Vous n'avez pas besoin d'excuses. Votre excuse, et la mienne, est dans les événements, qui ont été plus forts que les hommes. »

Le 19 mars, Napoléon poursuit sa marche triomphale vers Paris, la dernière étape bourguignonne est Pont-sur-Yonne.

UN GROGNARD À FIXIN

La rencontre entre deux admirateurs de Napoléon donne naissance à un chef-d'œuvre.

« Napoléon s'éveillant à l'immortalité » est une sculpture de François Rude, qui surprend le promeneur en pleine nature, au bas du village de Fixin. Cette œuvre est le fruit d'une rencontre entre deux nostalgiques de l'empereur, qui a eu lieu lors de la cérémonie du transfert des cendres de Napoléon aux Invalides en 1840 : le sculpteur et Claude Noisot, ancien grognard. Fils d'un perruquier d'Auxonne, il a servi de 1808 à 1814 dans le régiment des fusiliers-grenadiers de la Garde impériale, où il a atteint le grade de capitaine. Il accompagne ensuite Napoléon à l'île d'Elbe et participe aux Cent-Jours. Il passe la fin de sa vie à Fixin, où il a épousé une riche veuve propriétaire de vignes, le fameux « clos Napoléon ».

L'œuvre de François Rude, commencée en 1840, est achevée en 1847. L'inauguration officielle eut lieu le 19 septembre 1847, en présence de Louis Napoléon Bonaparte, futur Napoléon III, dix mille personnes y assistaient. À côté de la sculpture,

Napoléon s'éveillant à l'immortalité

L'œuvre en bronze appelée également « Réveil de Napoléon » représente l'empereur allongé sur le rocher de Sainte-Hélène, les yeux clos, l'aigle foudroyé à ses pieds. Sur le socle sont inscrits les noms de ses victoires. Les chaînes brisées évoquent son réveil imminent. Napoléon est représenté avec des traits jeunes, l'artiste préfère visiblement le général républicain à l'empereur, faut-il y voir un message politique ?

Un soldat du 1er régiment de grenadiers à pied de la Garde impériale.

Claude Noisot a fondé un petit musée, dont l'architecture rappelle la demeure de Napoléon à l'île d'Elbe, le Palazzina dei Mulini. Le parc attenant est planté de pins laricio évoquant la Corse, un chemin appelé « les cent marches » évoque les Cent-Jours. Décédé à Fixin en 1861, Noisot désirait être enterré debout face à Napoléon, prêt à répondre à son appel, mais la configuration du terrain n'a pas permis de réaliser son vœu. Il a légué sa propriété à la commune de Fixin, avec interdiction d'y établir tout cabaret ou restaurant, afin de préserver un esprit de recueillement.

L'HÔTEL-DIEU DE BEAUNE DANS LA TOURMENTE

Dans *La Grande Vadrouille*, des sœurs introduisent à l'Hôtel-Dieu de Beaune des soldats américains cachés dans des barriques. La fiction aurait-elle un fond de vérité ?

Dans la cour d'honneur de l'Hôtel-Dieu, les Allemands saluaient les corbillards où étaient cachés des résistants.

Pendant l'occupation allemande, l'Hôtel-Dieu de Beaune présente un double visage. D'un côté, une vigne appartenant aux Hospices est offerte en 1942 au maréchal Pétain à l'initiative du préfet, ce sera le Clos du Maréchal. En janvier 1943 est célébré en présence des officiers allemands et des responsables politiques locaux le cinquième centenaire de l'établissement, avec la représentation d'une pièce de Jacques Copeau, *Le Miracle du pain doré*. D'un autre côté, des religieuses de l'hôpital furent au cœur d'un réseau de résistance efficace. Des militaires français blessés en 1940 étaient conduits en zone libre avec de faux papiers fabriqués sur place. Leurs armes furent jetées dans le puits de la cour d'honneur, elles y sont peut-être encore.
Les sœurs utilisaient une ambulance de la Croix-Rouge permettant à des évadés de passer la ligne de démarcation. Dans la pharmacie de l'hôpital se trouvait une boîte aux lettres clandestine.

Une ancienne cave à vin voûtée médiévale est construite sous les Hospices de Beaune.

Pour faire cesser les évasions, les autorités allemandes placèrent une sentinelle devant l'Hôtel-Dieu, et interdirent les enterrements hors de Beaune. En 1941, un officier français fut déclaré mort par le médecin de service, un faux enterrement fut organisé avec la complicité de l'aumônier, le cercueil contenait un sac de sable. Dans son édition du 11 octobre 1944, le journal Beaune Informations insiste sur le rôle joué par le personnel de l'Hôtel-Dieu et salue son esprit patriotique, qui a permis de sauver la vie à de nombreux FFI déclarés malades.

En 1948, sœur Germaine est décorée de la Légion d'honneur pour sa conduite pendant l'occupation. En 1944, le négociant en vins Maurice Drouhin, suspecté d'appartenir à la Résistance, était sur le point d'être arrêté par les Allemands, il parvint à s'échapper en passant par les caves. Il fut recherché pendant une semaine sans résultat. Il s'était réfugié à quelques lieues de là, il avait trouvé asile à l'intérieur de l'Hôtel-Dieu où les sœurs le cachaient. En 1947, il léguait en remerciement aux Hospices, 2,69 hectares de beaune premier cru.

La cour des Hospices de Beaune sur une gravure du XIXe siècle.

SITES ENFOUIS OU DISPARUS

CHAPITRE DEUX

Les fontaines salées de Saint-Père-sous-Vézelay – Le tombeau de saint Lazare à Autun – Les apothicaireries – Les lavoirs, objets de prestige – Les maisons romanes de Cluny – Comment la basilique de Vézelay fut sauvée de la ruine – Le château de Louis XI, cauchemar des Dijonnais – La grande forge de Buffon – Les forges de Guérigny

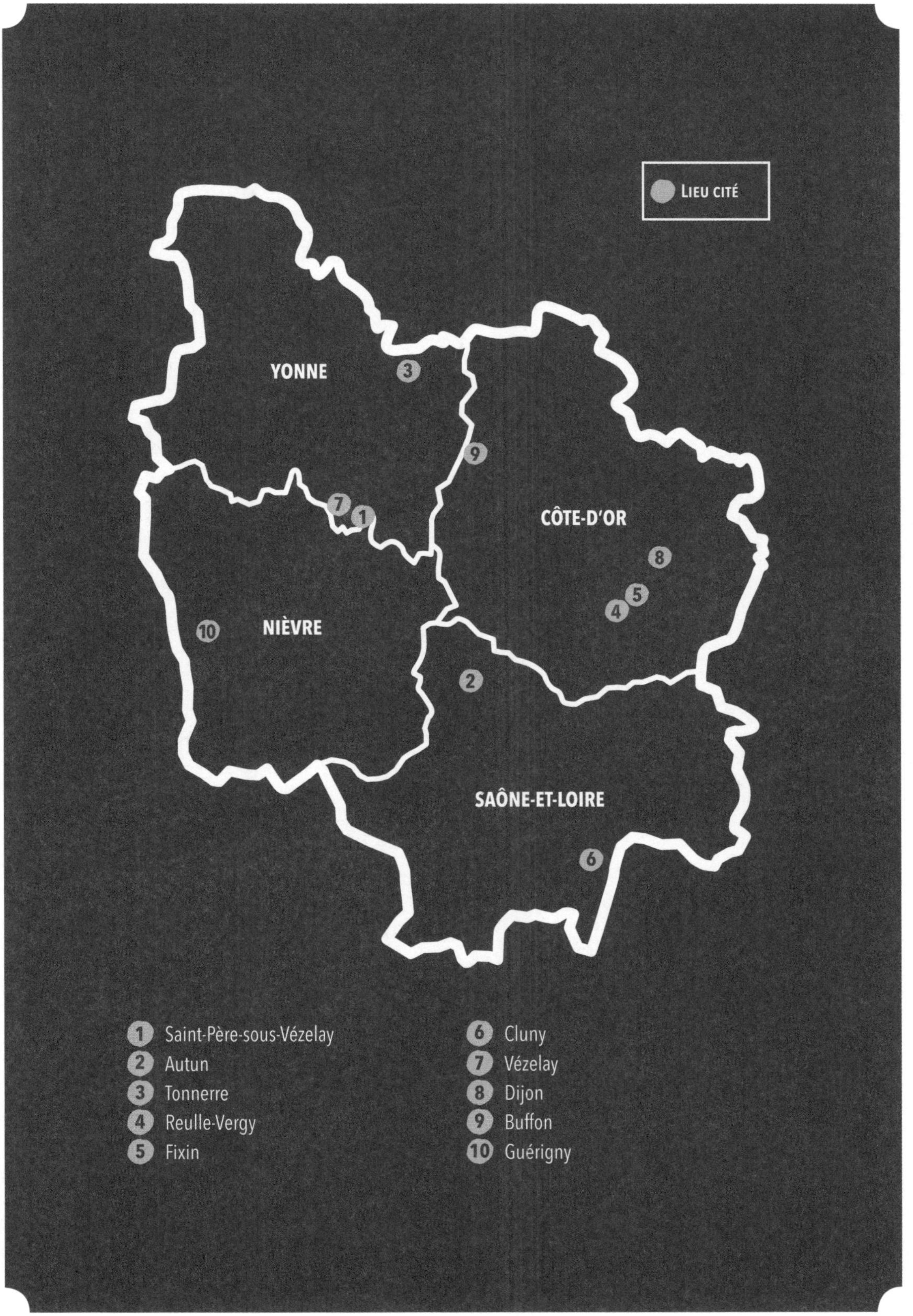
Lieu cité
YONNE
CÔTE-D'OR
NIÈVRE
SAÔNE-ET-LOIRE
1 Saint-Père-sous-Vézelay
2 Autun
3 Tonnerre
4 Reulle-Vergy
5 Fixin
6 Cluny
7 Vézelay
8 Dijon
9 Buffon
10 Guérigny

Pendant des décennies, l'idée de patrimoine est liée à des lieux de pouvoir, églises ou châteaux, nés de la volonté des seigneurs ou des évêques, ou fruits de fondations pieuses.

Au XXe siècle, la disparition de pans entiers de l'industrie a fait prendre conscience de la valeur d'un patrimoine plus récent, lieux de production, de vie et de travail, que ce soient des ateliers, des cités ouvrières, des forges ou des usines. L'inscription de ces lieux au registre du patrimoine est l'aboutissement de cette évolution. L'écomusée du Creusot a été pionnier dans cet effort de préserver une mémoire industrielle. Un nouveau type de musée voit le jour : écomusée de la Bresse bourguignonne, écomusée du flottage du bois à Clamecy, la Verrerie du Creusot, la Maison du blé et du pain à Verdun-sur-le-Doubs, Villa Perrusson à Écuisses, musée de la mine à Blanzy, musée de la Saône et des gens de la Saône à Seurre.

Une maison romane du XIIe siècle à Cluny.

La Bourgogne a connu, au XIXe siècle, un essor industriel important grâce, surtout, au développement du chemin de fer. De grands capitaines d'industrie, comme les Schneider au Creusot, ont investi dans de vastes ensembles sidérurgiques qui utilisent des ressources minières abondantes.

Comme les autres provinces françaises, la Bourgogne a vécu des mutations technologiques : le charbon de bois a été remplacé par la houille, rendant obsolètes les sites sidérurgiques qui l'utilisaient, comme les forges de Marmont ou de Buffon, les mines de charbon de Blanzy se sont à leur tour épuisées, les lavoirs ont été chassés par la machine à laver, le flottage du bois qui a fait la richesse du Morvan a disparu, la céramique a cédé le pas au plastique, les apothicaireries ont été remplacées par le service pharmaceutique de l'hôpital.

Partout fleurissent des associations de défense et de sauvegarde du patrimoine, dont l'objectif est de sauver les vestiges d'un château, d'une abbaye, d'un témoin d'une activité disparue, comme les lavoirs ou les forges. On se retrousse les manches pour déblayer, défricher, restaurer, remettre debout un pan de mur, organiser des animations pour financer le chantier.

La sidérurgie a connu un formidable essor en Bourgogne.

LES FONTAINES SALÉES DE SAINT-PÈRE-SOUS-VÉZELAY

De l'exploitation du sel au néolithique jusqu'aux thermes romains, le site des Fontaines salées près de Saint-Père-sous-Vézelay, dans l'Yonne, a été le théâtre de nombreuses activités.

L'archéologue René Louis découvre le site en 1934, et les chantiers de fouilles se sont succédé jusqu'en 1965, mettant à rude épreuve la sagacité des chercheurs.

Chronologiquement, la première activité décelée sur le site date du néolithique final (2 300 avant Jésus-Christ), c'est l'extraction du sel grâce à des puits constitués de troncs de vieux chênes plantés verticalement, d'une hauteur de 1 mètre et d'un diamètre de 80 centimètres, rendus étanches à l'aide de mousse et d'argile. On puisait l'eau salée et on la versait sur de grands bûchers, elle cristallisait au contact des braises. On peut encore voir sur le site quatorze puits de cette sorte. L'extraction du sel s'est poursuivie au cours des siècles, de manière frauduleuse après l'instauration de la gabelle. Les « faux sauniers » étaient sous l'Ancien Régime condamnés aux galères à vie ou même à mort en cas de récidive. En 1678, le commis du grenier à sel de Vézelay fit remblayer les sources, pour mettre fin à ces pratiques.

Entre le Ier et le IIIe siècle, le site est occupé par un sanctuaire, on a trouvé au fond des bassins des pièces de monnaie jetées en offrande à une divinité inconnue. Une galerie circulaire entourait le bassin, les archéologues n'ont pas trouvé de temple.
Les thermes construits au Ier siècle s'inscrivent dans un carré de 54 mètres de côté, ils comprenaient trois parties : à l'ouest des espaces de service, le balnéaire au centre, et à l'est une cour entourée d'un portique, la palestre. Le baigneur romain se déshabillait dans un vestiaire chauffé, passait ensuite par une salle tiède, le tepidarium puis s'immergeait dans une piscine chaude, le caldarium, et terminait par un bassin froid, le frigidarium. Le système de chauffage était perfectionné. L'air chaud provenant de foyers enterrés se propageait sous des sols de briques et de dalles, soutenus par de petits piliers de briques, appelés hypocaustes.
(*Source principale : document de la DRAC « Les Fontaines salées, mémoires de sel », 2004.*)

Exemple de thermes romains utilisant le chauffage par le sol.

LE TOMBEAU DE SAINT LAZARE À AUTUN

Au Ier siècle après Jésus-Christ, saint Lazare, sainte Marie-Madeleine, sainte Marthe et saint Maximin, chassés de Judée, débarquent, selon une légende, aux Saintes-Maries-de-la-Mer.

Marie-Madeleine et Lazare continuent ensuite vers Marseille, où ce dernier est martyrisé le 17 décembre 94, sous le règne de Dioclétien. Il est enterré à Marseille dans l'ancienne église Saint-Victor. Au VIIIe siècle, le transfert de son crâne est décidé afin d'échapper aux incursions des Sarrasins.

Vue générale d'Autun prise sur le chemin de Monjeu au XVIIIe siècle.

Cependant, avant le transfert vers Autun, une confusion se produit : c'est le crâne d'un archevêque d'Arles du début du Ve siècle, nommé Lazare, qui prend la direction de la Bourgogne.

Les reliques furent d'abord placées dans la cathédrale Saint-Nazaire, détruite au XVIIIe siècle. À partir du XIIe siècle, les chanoines de la cathédrale d'Autun propagent le culte de Saint-Lazare et décident de lui consacrer un mausolée. Le sol granitique sur lequel repose la cathédrale empêche le creusement d'une crypte. Le tombeau haut de 6 mètres avait la forme d'une église, il était adossé à l'autel dans le chœur de la cathédrale. Il était orné de quatre statues-colonnes représentant saint Lazare, sainte Marie-Madeleine, sainte Marthe et saint Pierre. D'après l'inscription qui courait autour du tombeau, celui-ci aurait été exécuté sur ordre d'un moine nommé Martin, sous l'épiscopat d'Étienne II, c'est-à-dire entre 1170 et 1189. L'ensemble a été détruit en 1766 sur ordre du chapitre de la cathédrale, pour faire place à un décor baroque. Des fragments du tombeau et trois statues-colonnes sont conservés au musée Rolin d'Autun.

Au Moyen Âge, Lazare était le saint patron des lépreux.

Les pèlerins entraient par un portail latéral, dont le tympan figurait saint Lazare. On faisait une première station devant la chapelle de Marie-Madeleine, on y déposait des offrandes en cire. Puis le pèlerin pénétrait au cœur du reliquaire et rampait sous la cuve du sarcophage contenant le corps du saint. Une dernière station avait lieu dans la chapelle sainte Marthe. La sortie se faisait par le portail de la Résurrection, qui représentait le Jugement dernier.

LES APOTHICAIRERIES

À partir de la fin du XVe siècle, des apothicaireries se mettent en place dans les hôpitaux et hôtels-Dieu. Auparavant, on allait chercher les remèdes chez les pharmaciens de la ville ou au marché aux herbes.

Grâce à son réseau d'hôtels-Dieu, la Bourgogne en a conservé de beaux exemples. La pharmacie la plus connue est celle de l'hôtel-Dieu de Beaune, don en 1789 du sieur Gremaud, pharmacien de la ville, qui avait formé deux nouvelles sœurs hospitalières. Les 120 pièces de Nevers, Paris et Dijon sont décorées au bleu de cobalt et portent des inscriptions plus ou moins mystérieuses du codex d'autrefois. Les remèdes utilisés servent surtout à calmer les fièvres ou les douleurs : sirops, confitures, onguents, miel, eau distillée, essence de térébenthine. Le récipient le plus imposant contenait de la thériaque, panacée universelle connue depuis la nuit des temps. Quiconque voulait devenir pharmacien devait savoir la confectionner. Parmi les ingrédients, on trouve ces semences de navet sauvage, des racines de gentiane et de rhubarbe, des pétales de roses rouges et quelques aromates : cannelle, poivre et gingembre pour faire bonne mesure. Cependant, le Larousse du XIXe siècle précise que la thériaque « ne doit pas tant ses propriétés aux substances qu'elle renferme qu'à l'opium qu'on y trouve en quantité notable. »

Les apothicaireries sont gérées par des sœurs hospitalières qui confectionnaient elles-mêmes les remèdes. Au fil du temps, les hôtels-Dieu se sont mis à vendre leurs médicaments en ville, ce qui a occasionné des procès intentés par les pharmaciens.

L'empreinte religieuse est visible dans le décor des apothicaireries, par des sculptures, des peintures, des plafonds peints : à Louhans, on trouve une pietà en bois du XVe siècle à l'hôtel-Dieu de Tournus, une toile peinte marouflée au plafond représentait la Charité entourée d'angelots.

Des collections de pots se trouvent dans les hôpitaux ou hôtels-Dieu à Dijon, Beaune, Louhans, Seurre, Alise-Sainte-Reine, Chalon-sur-Saône, Mâcon, Tournus, Moutiers-Saint- Jean.

Des pots à pharmacie aux contenus bien mystérieux.

Les sœurs étaient très dévouées à leurs patients.

LES LAVOIRS, OBJETS DE PRESTIGE

Aujourd'hui conservés dans un but touristique, les lavoirs furent un instrument d'amélioration de l'hygiène publique.

En Bourgogne comme ailleurs en France, le lavoir est un bâtiment public, au même titre que la mairie ou l'école. Son usage n'est soumis à aucune redevance, à la différence du four ou du moulin. C'est une entreprise municipale, sa construction est soumise à une procédure : délibération sur le principe et la localisation, choix du maître d'œuvre, projets, autorisation préfectorale à chaque étape. Le maire s'adresse aux compétences des environs, sur la commune ou dans un village proche, ou au chef-lieu de canton. On fait appel à un agent voyer, un géomètre, un maçon, un tailleur de pierre, un ingénieur.

Un lavoir comme il y en avait tant dans les villages.

Le rendez-vous des lavandières.

Les projets les plus ambitieux sont dessinés par des architectes. La première décision concerne l'emplacement du lavoir : fallait-il le placer en amont ou en aval de l'abreuvoir ? Situé en amont, il souillait l'eau utilisée pour le lavage. Placé en aval, il recevait une eau savonneuse nuisible à la santé des animaux. Le « mouvement des lavoirs », qui se déploie à partir des années 1810, est le fruit de la vague d'hygiénisme qui gagne la France au milieu du XIXe siècle. Une émulation entre les villages apparaît, c'est à celui qui aura le plus beau ou le plus grand lavoir. En 1810, le maire de Beaune, Jean-Baptiste Édouard, lance un projet de lavoirs aux portes de la ville : Saint-Nicolas, Bretonnière, Madeleine, Saint-Martin et Près-du-Château. Certains maires veulent laisser leur trace sur l'édifice. C'est le cas, par exemple, à Sancé en Saône-et-Loire, où l'on peut lire l'inscription : « 1848, Béranger, maire », ou bien plus explicitement à Clessé, dans le même département, où l'on peut lire : « Construit sous la longue et pacifique administration de Monsieur Guichard Metin Joseph, maire à Clessé. L'an 1846 ».

À Ampilly-le-Haut (Côte-d'Or), les habitants ont participé à la construction de leur lavoir. En 1868, le conseil municipal décida que l'aménagement de la fontaine et la construction du lavoir seraient effectués avec la participation des habitants, pour en diminuer le coût. De plus, on a utilisé des matériaux récupérés d'une écurie en ruine.

L'architecture des lavoirs présente quelques traits communs : tout est taillé en grand appareil, l'arc en plein cintre ou en anse de panier fait partie du répertoire le plus usité. Les lavoirs ont besoin d'un entretien. La plupart du temps, ce sont les lavandières qui vident et nettoient régulièrement le bassin. Parfois c'est à la charge de la commune. À Athée (Côte-d'Or), un avis d'adjudication précise le travail à accomplir : « Ces opérations se feront en été tous les samedis soir et en hiver tous les quinze jours. Les boues, pailles et autres engrais de lavoir seront mis en tas aux abords et vendus au profit de la commune. »

Au lavoir en Bourgogne :
« Faut-y t'emmener ta bércuette ma Sophie ?
– Passe don ton chemin dret vieux Niguedouille, y seux eune hounête femme
qué pas besoin de parsoune ! »

Quelques lavoirs particuliers

La fosse Dionne à Tonnerre (Yonne) a été transformée en lavoir en 1758, à l'initiative du père du chevalier d'Éon. Pour éviter toute pollution, un mur sépare la source de l'auge annulaire d'un diamètre des 14 mètres. Des foyers disséminés sur le pourtour permettaient de produire des cendres utilisées pour le lavage.
À **Reulle-Vergy** (Côte-d'Or), le lavoir, la mairie et l'école sont dans le même bâtiment, une combinaison très rare. On évitait de bâtir des lavoirs trop proches des écoles pour épargner les chastes oreilles des enfants. À Urcy (Côte-d'Or), le lavoir est orné du blason de la ville : un ours tenant entre ses pattes un grand trèfle.
À **Fixin** (Côte-d'Or), on peut admirer un très beau lavoir circulaire construit en 1827, attribué à l'architecte Auguste Sirodot, qui est également l'auteur des lavoirs de Barbirey-sur-Ouche et de Blaisy-Haut (Côte-d'Or). Il est alimenté par la source ferrugineuse du Chaulois, dont l'eau est réputée avoir des propriétés curatives. L'abbé Denizot écrit à son propos : : « Le vulgaire l'emploie avec confiance pour combattre les obstructions et les maux d'estomac. »

Le lavoir aménagé autour de la fosse Dionne.

LES MAISONS ROMANES DE CLUNY

Cluny possède le deuxième ensemble d'architecture romane en Europe, après Venise. Du XIe au XIVe siècle, le bourg s'est développé autour de l'abbaye.

Cluny comptait environ 3 000 habitants. 200 maisons médiévales sont conservées. Elles sont situées rue du Merle, rue d'Avril, rue de la République et autour de la place Notre-Dame.

Les maisons sont à deux niveaux : au rez-de-chaussée, un grand espace pour le commerce. L'étage accueille le logement, directement accessible par un escalier droit donnant sur la rue par une porte.

Les maisons romanes de la place Notre-Dame.

L'abbaye de Cluny au XVIIIe siècle.

Le premier étage comprend deux pièces en enfilade, celle qui est à l'intérieur est éclairée par des baies. Les façades à claire-voie, uniques en France, sont visibles sur vingt et une maisons. Des éléments de confort apparaissent à la fin du XIIe siècle : bancs de pierre près des fenêtres, espaces servant de placards. Les premières maisons ne sont pas alignées sur la rue, mais en retrait. Pas de cave, à cause de la proximité de la nappe phréatique. La couverture est en tuiles. Les habitants du bourg sont des serviteurs de l'abbaye, des artisans spécialisés dans la confection de vêtements de riches marchands.

Le musée Ochier

Le musée Ochier a rassemblé les plus belles sculptures provenant des maisons romanes. Le linteau de la Belle Pierre, extrait d'une fenêtre de la rue Bellepierre, est constitué de deux bas-reliefs représentant un tournoi avec combat de cavaliers, ainsi que Salomon et le lion. Le pilastre du Cordonnier, à l'origine rue du Merle, présente des lions. La frise des vendanges, qui provient de la Maison des vendanges, 1, rue du Merle, est décorée de colonnes, de pilastres cannelés, d'arcatures et de chapiteaux. Sur l'arcature supérieure, on peut voir un éléphant, une femme à serpents symbolisant la luxure, les médaillons sont ornés d'animaux : lion, griffon, lionne, bouc, cerf, chiens, sanglier, aigle et basilic.

COMMENT LA BASILIQUE DE VÉZELAY FUT SAUVÉE DE LA RUINE ?

Lorsque Prosper Mérimée arrive à Vézelay en 1834, il trouve l'église dans un état lamentable. « Les murs sont déjetés, fendus, pourris par l'humidité. On a peine à comprendre que la voûte toute crevassée subsiste encore. »
(Notes de voyage dans le Midi de la France)

Pendant qu'il dessine dans le bâtiment, de petites pierres se détachent des voûtes et tombent autour de lui. En 1840, il confie la conduite de la restauration au jeune Viollet-le-Duc, après que plusieurs architectes ont reculé devant l'ampleur de la tâche.
Pour diriger le chantier sur place, Viollet-le-Duc fait appel, en 1840, à François-Nicolas Comynet, imprimeur et éditeur à Auxerre. Il n'a guère d'expérience en architecture, mais il connaît bien le milieu des entrepreneurs avec lesquels il devra négocier les contrats relatifs aux travaux. Sa tâche est immense. Il lui faudra négocier avec les prestataires de services, assurer l'approvisionnement en pierres, bois et métaux, surveiller le bon déroulement du chantier. Les marchés à conclure ont attisé les convoitises, et il doit lutter contre la spéculation autour des matières premières.

Eugène Viollet-le-Duc.

Il écrit dans une lettre à Viollet-le-Duc datée du 10 mai 1840 : « Je sais que bien des tentatives seront faites pour forcer les prix et qu'il va me falloir les yeux et les oreilles bien ouverts. » Le chantier subira à plusieurs reprises des retards, dus en particulier à la mauvaise volonté de la Préfecture de l'Yonne, qui tarde à payer les artisans. Les ouvriers qui travaillent à la tâche ne sont pas toujours fiables, d'aucuns désertent le chantier en période de vendanges. Dans une lettre du 31 août 1840, le maître d'œuvre relate un incident : « Un malheureux chef de famille vient d'avoir la jambe massacrée au point que l'amputation a été jugée nécessaire et faite immédiatement. » La victime de l'accident est père de cinq enfants dont le plus jeune a deux mois, et sa femme est malade. Viollet-le-Duc obtiendra que la Préfecture lui verse une indemnisation. Comynet abandonne sa charge en 1846 pour raison de santé, la restauration sera terminée en 1859.

La façade occidentale de la basilique après sa restauration.

LE CHÂTEAU DE LOUIS XI, CAUCHEMAR DES DIJONNAIS

Après plusieurs révoltes qui témoignaient de la persistance d'« une foi de Bourgogne » incarnée par Marie, fille de Charles le Téméraire, Louis XI décida la construction de châteaux forts dans l'enceinte des villes, à Dijon, Beaune et Auxonne.

Signature du traité de Péronne en 1468 entre Louis XI et Charles le Téméraire, le père de Marie de Bourgogne.

En juin 1478, il décréta « qu'à toute diligence l'on fît faire un château auprès de la porte Guillaume, à Dijon ». Pour édifier la forteresse, on détruisit sans vergogne quelques maisons qui gênaient. C'est ainsi qu'en 1479 un dégrèvement d'impôt est accordé à la femme de Pierre Pillet, que son mari a quittée « par desplaisance quand il vit qu'on démolissait sa maison pour édifier le chasteau », la laissant avec deux enfants, « dont l'un était idiot ». (AMD, L 663)

Le château de Louis XI était surtout destiné à tenir en respect une population que l'on sentait rebelle, surtout après la révolte appelée « mutemaque », en juin 1477, au cours de laquelle le président du Parlement favorable au roi, Jean Jouard, avait été assassiné. À deux reprises dans l'histoire de la ville, des projectiles venus de la forteresse se sont écrasés sur la ville.

En 1595, les ligueurs, conduits par le comte de Tavannes, tiennent le château, tandis que les Dijonnais, loyalistes sont en majorité dans le camp du roi Henri IV. Le 7 avril, un boulet atteint la tour nord de l'église Saint-Bénigne. À l'époque de la Fronde, au printemps 1651, le commandant de la place, partisan du prince de Condé, refuse de remettre le château entre les mains du duc d'Épernon, représentant du roi. Ce dernier fait le siège de la forteresse et, de nouveau, à la fin de l'année, les projectiles pleuvent sur les Dijonnais, une femme et son enfant sont tués rue du Bourg, les dégâts matériels sont importants.

Après la Fronde, le château servit de prison d'État, ce qui ne pouvait que nuire à sa réputation. Parmi les prisonniers célèbres, on retiendra Mirabeau en 1776 et le chevalier d'Éon en 1779. Après la guerre de 1870, le château est démantelé dans le cadre du « débastionnement » de la ville, à sa place est construite la grande poste place Grangier.

Marie de Bourgogne.

Le château royal de Dijon en 1512.

LA GRANDE FORGE DE BUFFON

Lorsque le comte de Buffon décide de créer une forge à proximité de Montbard, son souci principal est de mettre en valeur le bois de ses forêts impropre au chauffage.

Georges-Louis Leclerc, comte de Buffon.

Il dispose, en outre, à proximité, des gisements de minerai de fer faciles à exploiter ainsi que de la force hydraulique fournie par l'Armançon. Le 8 mars 1768, le Parlement de Bourgogne enregistre l'arrêt du Conseil d'État et des lettres patentes de Louis XVI, qui permettent à monsieur de Buffon de faire construire sur ses terres un fourneau, une forge et une fenderie.

La Grande Forge a été bâtie sur deux niveaux. Une partie à fleur de l'Armançon regroupait les lavoirs et bocards à concasser le minerai, le haut fourneau, la forge, la fenderie, la batterie et le martinet. Les bâtiments parallèles sont séparés par des canaux dont l'eau actionnait onze roues hydrauliques. Sur un plan surélevé se dressaient les bâtiments autour d'une vaste cour rectangulaire. On y trouvait les dépendances de la forge, les magasins, les résidences du personnel de direction, les habitations des ouvriers permanents, les étables, les écuries et les granges nécessaires à l'entretien du bétail. Le logement du maître de forges et celui de Buffon encadraient l'accès à la partie industrielle.

La partie la plus spectaculaire de la fabrication était la coulée de métal en fusion, qui se déroulait toutes les douze heures face à un escalier monumental.

Vue du cabinet de Buffon et de la tour de Montbard.

Buffon invitait volontiers ses hôtes à assister à cette opération.

La main-d'œuvre utilisée pour le fonctionnement est constituée à plus de 90 % de personnels saisonniers chargés de l'approvisionnement en matières premières et du transport des produits, les mineurs, les bûcherons, les charbonniers et les voituriers À l'apogée, le personnel atteint 400 personnes, dont une trentaine employée à temps complet. Ce sont les ouvriers du feu et les techniciens responsables de l'entretien : souffletier, charpentier, couvreur, maçon, charron. Afin de fixer une main-d'œuvre volontiers nomade, les forges mettent à sa disposition des logements ainsi que des produits de la ferme.

LES FORGES DE GUÉRIGNY

L'activité des forges de Guérigny connaît son apogée dans les années 1770 et 1780, au moment où le gouvernement royal décide de faire de la marine française l'égale de son alliée espagnole ou de son ennemie anglaise.

Pierre Babaud de la Chaussade.

L'ancienne forge de Guérigny.

Un marché est passé avec l'État en 1774 : le propriétaire Pierre Babaud de la Chaussade s'engage à livrer au roi dans les magasins des ports de Brest, Lorient, Rochefort, du Havre et du Ponant les « ancres, pattes d'ancre, grappins, lattes et arcs-boutants pour courbe, les gros fers, ronds, carrés, plats et les fers en feuille ou planches qui lui sont demandés chaque année ».

À l'époque de Babaud de la Chaussade, l'effectif des forges est estimé à 2 000 personnes, chiffre incluant le personnel utilisé à temps partiel à l'extérieur. L'ouvrier porte un costume traditionnel : une chemise appelée rochet, des guêtres, des sabots et un chapeau à larges bords qui sert de pare-feu contre les étincelles.

Afin d'assurer son approvisionnement en bois, en charbon et en fonte, Babaud de la Chaussade a besoin d'un réseau de transport bien organisé. Au confluent de la Loire et de la Nièvre, il installe un complexe portuaire avec grues, quais de chargement, entrepôts, magasins, écuries et logements pour les voituriers et les marchands.

Dans son ouvrage sur les grandes usines de France, publié en 1870, Julien Turgan brosse un portrait des ouvriers de Guérigny : « L'ouvrier des Forges de la Chaussade se distingue de celui des établissements industriels par des qualités, mais aussi par des défauts qui lui sont propres. Doux, sobre, économe, propriétaire d'une maison et d'un champ, ou aspirant à le devenir, attaché au pays, à l'établissement, le quittant rarement et toujours avec l'espoir d'y revenir, il redoute toute innovation et y oppose la force d'inertie du paysan ; l'activité fiévreuse de l'atelier de commerce ne l'a jamais atteint. »

Les forges ont continué de fonctionner jusqu'en 1971, un de ses derniers titres de gloire est d'avoir forgé l'ancre du paquebot France, lancé à Saint-Nazaire le 11 mai 1960.

Le palais des ducs de Bourgogne, à Dijon, avant sa restauration.

LES MÉTIERS DISPARUS

CHAPITRE TROIS

Les imagiers des ducs de Bourgogne – Le flottage du bois – Les galvachers – Les nourrices du Morvan – Les lavandières – La cristallerie de la reine au Creusot – Les faïenciers de Nevers – Les mariniers de la Saône et de la Loire – La vallée de la céramique

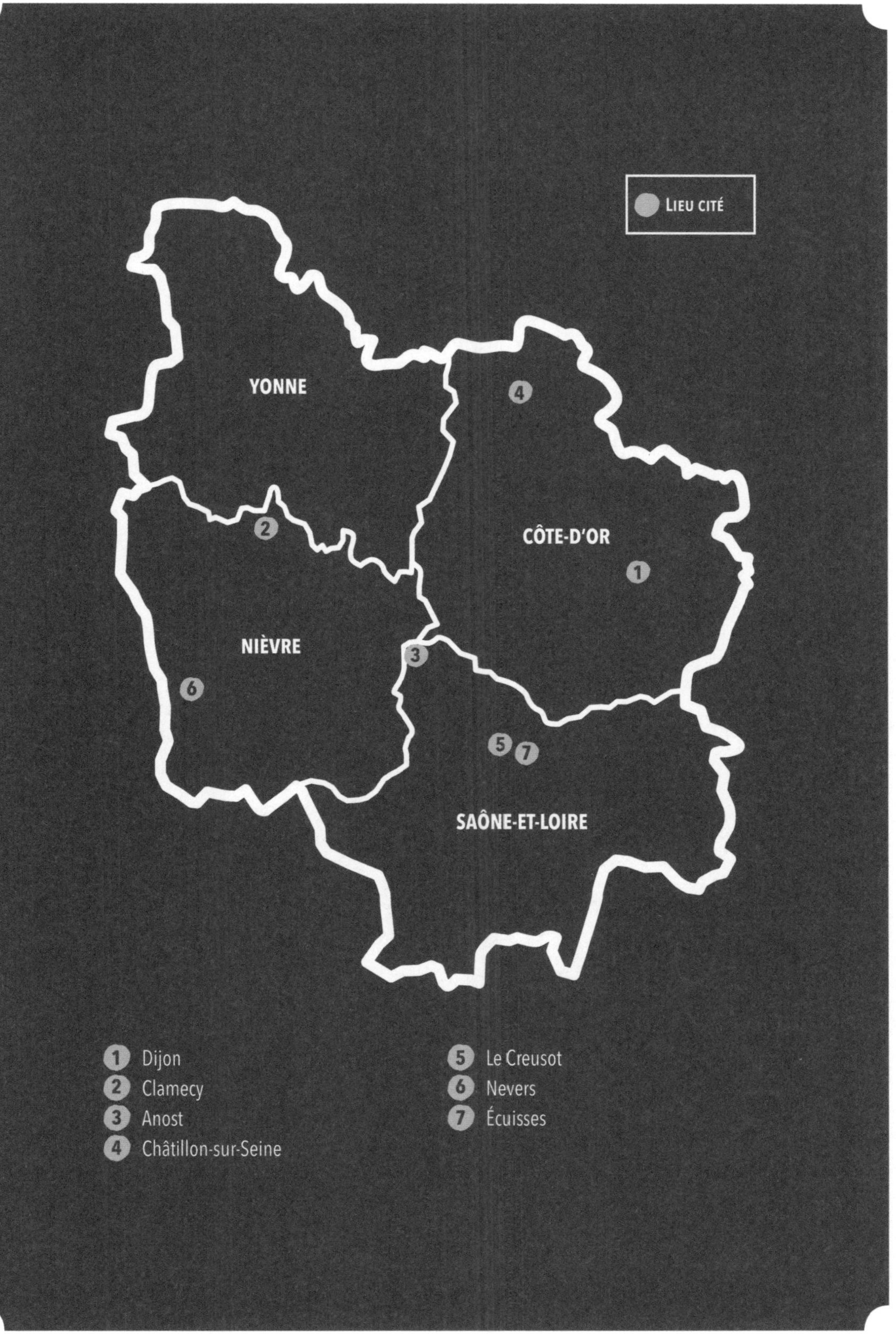
Lieu cité
YONNE
CÔTE-D'OR
NIÈVRE
SAÔNE-ET-LOIRE
1 Dijon
2 Clamecy
3 Anost
4 Châtillon-sur-Seine
5 Le Creusot
6 Nevers
7 Écuisses

Le patrimoine industriel inclut l'histoire des savoir-faire. En Bourgogne, on a assisté à une floraison d'écomusées dédiés aux activités disparues.

L'écomusée de la Bresse bourguignonne regroupe plusieurs sites. Au château de Saint-Pierre-de-Bresse, on découvre l'histoire du poulet de Bresse et des activités bressanes traditionnelles comme le paillage des chaises ou la pêche en étang. À Louhans (Saône-et-Loire) a été reconstituée l'imprimerie du journal *L'Indépendant* à l'époque de la typographie. La Maison de la forêt et du bocage à Saint-Martin-en-Bresse évoque les métiers liés à l'exploitation du bois : charpentiers, menuisiers, charrons et sabotiers. La Maison du blé et du pain à Verdun-sur-le-Doubs permet de suivre pas à pas la fabrication et la conservation du pain. À Saint-Germain-du-Bois (Saône-et-Loire), la Maison de l'agriculture et de l'alimentation bressane plonge dans l'ambiance d'une ferme d'antan et montre l'évolution des techniques agricoles.

Dans un bois du Morvan.

L'écomusée du flottage du bois à Clamecy dans la Nièvre dévoile les secrets de fabrication d'un train de bois. À Donzy, le moulin de Maupertuis est devenu un écomusée dédié à la meunerie. À Seurre, la maison Bossuet abrite un musée consacré en partie à la batellerie fluviale. À Alligny-en-Morvan, un musée évoque l'histoire des nourrices du Morvan. Le musée du vin de Beaune vous instruit sur la fabrication d'un tonneau et le travail des vignerons au fil des siècles. Le 4 juillet 2015, la consécration des savoir-faire des vignerons est réalisée par l'inscription des climats de Bourgogne au patrimoine mondial de l'Unesco, au titre des « œuvres conjuguées de l'homme et de la nature ».

Pour loger les ouvriers ont été construits des bâtiments et des cités, dont subsistent quelques vestiges : la cité ouvrière de la Combe aux Mines au Creusot, les maisons des ouvriers de Guérigny, l'immeuble jouxtant la forge de Marmont à Sainte-Colombe-sur-Seine, le logement du maître de forges à Buffon (Côte-d'Or).

LES IMAGIERS DES DUCS DE BOURGOGNE

Pour le chantier de la chartreuse de Champmol, Philippe le Hardi a d'abord recruté dans le milieu artistique parisien, où se côtoient Français et Flamands, des artistes qui ont fait leurs preuves.

Jean de Marville prend la direction de l'atelier de sculpture en 1372. On lui doit les premiers plans du portail de la chapelle ainsi que la conception du tombeau de Philippe le Hardi.

À sa mort lui succède Claus Sluter, qui dirigera l'atelier jusqu'à son décès en 1406. Originaire de Hollande, il figure en 1379 et 1380 sur le registre des tailleurs de pierre de Bruxelles.

Le tombeau de Philippe le Hardi.

Statuettes de pleureurs sculptées pour le tombeau de Philippe le Hardi.

Sur ordre du duc de Bourgogne, il fait, en 1393, un voyage avec Jean de Beaumetz sur le chantier de la résidence du duc de Berry, le château de Mehun-sur-Yèvre. Si lui réside en permanence à Dijon où le duc a mis à sa disposition un hôtel particulier, il n'en est pas de même pour les autres imagiers qui ont participé au chantier de la chartreuse. Jacques de Baerze, auteur du « Retable de la Crucifixion », n'a pas quitté son atelier de Termonde pour réaliser cette œuvre. La peinture et la dorure en furent confiées à Melchior Broederlam, qui y a travaillé de 1393 à 1399. Ce peintre était surtout décorateur, il était chargé de peindre des étendards, des bannières, des gonfanons, ainsi que les armoiries ducales.

Claus Sluter à Dijon

Arrivé à Dijon en 1389, Claus Sluter est logé dans un hôtel particulier appartenant au duc de Bourgogne, mitoyen de la cour des comptes, à l'emplacement actuel du palais de justice. D'un caractère très méfiant, il y fait réaliser de nombreuses transformations, faisant poser des verrous aux fenêtres. Le sculpteur choisit sur place la pierre d'Asnières dont il a besoin. Travailleur infatigable, il est l'auteur de la Vierge au trumeau de la chapelle de la Chartreuse, des six prophètes du *Puits de Moïse* et d'au moins deux pleurants du tombeau de Philippe le Hardi. Il a terminé sa vie malade, recueilli par les moines de l'abbaye Saint-Étienne, où il est décédé en 1405.

Le Puits de Moïse.

LE FLOTTAGE DU BOIS

Au début du XVIe siècle, l'épuisement des forêts en région parisienne oblige la capitale à se tourner vers le Morvan pour s'approvisionner en bois de chauffage.

La région du Nivernais offrait des conditions favorables : d'importantes forêts traversées par un dense réseau de ruisseaux et rivières. La coupe du bois se faisait en hiver, les arbres étaient débités en bûches qui étaient marquées aux deux extrémités par le propriétaire puis acheminées par charrettes attelées de bœufs jusqu'aux berges des rivières. La foire au bois de Château-Chinon, après la Toussaint, marquait le début de la saison de flottage. Au printemps, hommes, femmes et enfants déversaient des centaines de bûches dans la Cure et ses affluents.

Les forêts du Morvan ont fourni en bois une partie du royaume.

Le port et le flottage du bois à Armes, près de Clamecy, en 1840.

Clamecy était le point de départ de trains constitués de bûches assemblées en radeau. Pendant dix à onze jours, celui-ci descendait au fil de l'eau, deux flotteurs juchés sur le train veillaient à assurer la continuité du flot grâce à de grandes perches munies de crochets. Le travail était périlleux, si l'un d'eux perdait l'équilibre, il pouvait être broyé par les bûches.

Les flotteurs de bois habitaient dans les faubourgs de Clamecy, notamment celui de Bethléem, sur la rive droite de l'Yonne. Leurs demeures étaient simples : une cuisine avec un poêle, une chambre pour toute la famille et un grenier. Ils étaient constitués en confrérie sous le patronage de saint Nicolas.

Le premier train attesté est arrivé quai de la Tournelle à Paris, le 20 avril 1547, devant une foule qui avait allumé des feux de joie. Il était affrété par Charles Lecomte, maître d'œuvre de la charpenterie de l'Hôtel de ville de Paris. L'activité a connu son apogée à la fin du XVIIIe siècle, alors que Paris atteignait un million d'habitants. Elle a ensuite décliné, car le bois de chauffage fut remplacé par le charbon et le transport se faisait par péniche.

Le 17 avril 1949, on organisa à Clamecy de grandes fêtes en présence du secrétaire d'État à l'Information, François Mitterrand, pour commémorer l'anniversaire de cette arrivée. Un radeau fut mis à l'eau pour reconstituer le parcours. Il est arrivé à Paris au bout de deux mois.

LES GALVACHERS

Pour les travaux de débardage, il fallait faire appel aux galvachers, originaires des régions les plus pauvres du haut Morvan, principalement de Saint-Brisson ou d'Anost.

Ces hommes louaient leurs bras et leurs attelages pour des charrois de toutes sortes : bûches destinées au flottage, céréales, bois d'œuvre pour les usines et les mines. Ils partaient sur les routes pendant six mois, du 1er mai à la Saint-Martin, dormaient le plus souvent à la belle étoile, se nourrissaient frugalement. Coiffés de chapeaux aux larges bords, vêtus d'une longue blouse appelée « biaude », ils étaient chaussés de sabots et tenaient l'aiguillon à la main. Une fois la saison terminée, ils conduisaient leurs bœufs amaigris à la foire d'Anost, qui avait lieu traditionnellement le 1er décembre, et les vendaient aux emboucheurs du Bazois. Pendant l'hiver, ils s'occupaient à des débardages forestiers et révisaient leurs attelages, vérifiant la qualité des harnais, des jougs et des fers de leurs bêtes. Possédant un esprit de corps, ils avaient leurs fêtes et leurs chansons.

Extraits du *Chant des galvachers*, composé en 1847 par Clément Sauron :

« Adieu, notre pays chéri,
Amis, partons pour le Berry.
Adieu, Corcelle,
Anost, Verreine, le Creux.
Que l'on attelle
La charrette et les bœufs.
Bonjour à notre ami le Cô,
As-tu pour nous du bon fricot ? (…)
Chère Fanchon, essuie tes yeux,
Voici le moment des adieux.
Allons ma belle
Adoucis ton chagrin
Sois-moi fidèle
Jusqu'à la Saint-Martin.
T'as des truffes et du blé noir
Il reste encore un quartier d'lard
Dans le saloir
Quand il n'y aura plus rien,
Aussitôt par la poste
Je t'enverrai d'l'argent. »

Le travail de galvacher nécessitait des attelages de qualité.

Le chemin de fer et les tracteurs ont eu raison de la galvache, dont les derniers représentants connus, à Saint-Brisson et Anost, ont cessé leur activité dans les années 1950. Dans le cadre de l'écomusée du Morvan, la Maison de la galvache à Anost perpétue le souvenir de leur activité.

LES NOURRICES DU MORVAN

Si les galvachers exerçaient une activité saisonnière, les jeunes mères de leur côté avaient trouvé un travail temporaire pour améliorer les maigres revenus : elles devenaient nourrices.

Cette véritable « industrie nourricière » a pris trois formes : l'Assistance publique de la Seine confiait à des familles morvandelles des pupilles qu'elles élevaient pendant treize ans, et par ailleurs on distinguait deux sortes de nourrices : « à emporter » ou « sur place ». Les premières allaient dans la capitale chercher des nourrissons dont elles s'occupaient ensuite dans leur foyer, les secondes allaient vivre et travailler dans les milieux bourgeois de la capitale, où elles avaient en charge de jeunes enfants.

Cette dernière activité s'est surtout développée à la fin du XIXe siècle. Il était de bon ton sous le Second Empire d'avoir parmi ses domestiques une

Les nourrices du Morvan :
« Voyez comme mon petit est malin, y marche tout seul !
– L'mien est cor moins bête, y s'fait porter. »

Le Bureau des Nourrices à Paris, vers1820.

nourrice morvandelle. Le recrutement dans les villages était assuré par des femmes d'un certain âge appelées « recommanderesses », qui allaient voir les jeunes mères, rédigeaient les contrats et se chargeaient de trouver une famille d'accueil. Elles étaient en cheville avec des voituriers spécialisés, les « meneux », qui assuraient le transport du Morvan vers la capitale et revenaient avec des enfants de l'Assistance. La plupart des nourrices étaient issues des familles les plus pauvres du haut Morvan, elles apportaient un complément de revenu indispensable, et le pécule amassé à Paris permettait souvent d'améliorer les habitations dites « maisons de lait », reconnaissables, par exemple, à leurs toits d'ardoise.

Une fois arrivée dans sa famille d'accueil, la nourrice était bien traitée, abondamment nourrie (pour avoir du bon lait) et était correctement vêtue, afin de faire honneur à son employeur. Elle dormait dans la chambre du nourrisson et était exclusivement à son service, le plus souvent séparée de ses propres enfants restés au pays.

LES LAVANDIÈRES

« Le soleil est arrivé au sommet de la voûte céleste ; les lavandières, penchées au bord de l'Armançon, ont cru voir tout à coup une auréole dorée se jouer autour de leurs blonds cheveux et couronner leur tête dans les eaux. »
(Aloysius Bertrand, Les lavandières)

Les lavandières jouaient un rôle social : elles participaient à tous les moments de la vie, tenant le rôle de sages-femmes ou s'occupant de la toilette mortuaire. D'autre part, toute la vie intime du village était dans le linge, et le lavoir était un lieu convivial d'échange d'informations entre femmes, les hommes en étaient bannis.
Le travail était pénible : elles étaient le plus souvent accroupies au bord du bassin, les genoux protégées par une caisse en bois appelée « carosse» et garnie de paille ou d'un coussin. Elles avaient toute la journée les mains dans l'eau froide, parfois glaciale, ce qui occasionnait des fissures et gerçures.
La lessive durait plusieurs jours et était faite deux à cinq fois par an, lorsqu'il n'y avait pas trop de travaux des champs. Au lavoir, le linge était frappé à l'aide d'un battoir pour faire pénétrer le savon. Après rinçage, il était ramené à domicile pour sécher sur pré ou dans le grenier.

Le travail harassant de la lavandière.

De nombreuses légendes mettent en scène des lavandières. La nuit, sur la route d'Alligny-Cosne à Ciez (Nièvre), au Crot-du-Lac, des demoiselles dansaient et les bruits des battoirs des laveuses surnaturelles se faisaient entendre. Celles-ci avaient été punies pour avoir, de leur vivant, tardé à délivrer des soins aux morts. Elles résidaient dans la cave des Rocs.
La fontaine de la Douix à Châtillon-sur-Seine est également l'objet d'une légende. Le jour de la Chandeleur, par une matinée brumeuse, des lavandières du faubourg se rendaient à la fontaine quand leur apparut une ronde de fées ornées de fleurs et de verdure. Au premier coup de battoir, la vision s'évanouit. Pour commémorer cette scène, les femmes confectionnaient des gâteaux appelés mariottes, censés représenter les fées. Le jour de la Chandeleur, on se rendait en procession à la source, on décapitait les mariottes et jetait les têtes dans l'eau. Les fées reconnaissantes assuraient aux jeunes gens un mariage dans l'année.

Blanchisseuse portant le linge à laver.

LA CRISTALLERIE DE LA REINE AU CREUSOT

L'époque de Louis XVI connaît un engouement pour les cristaux, lustres, flambeaux et la belle vaisselle. Le roi décide de créer à Sèvres une cristallerie sous le patronage de Marie-Antoinette.

Les administrateurs se rendent vite compte qu'il fallait trouver un lieu de production plus proche des mines de charbon. Par arrêt du conseil du roi du 18 février 1787, la manufacture des cristaux de la Reine est transférée au Creusot. En plus du charbon de Montchanin, la région dispose d'autres matières premières nécessaires à la fabrication : du sable et du minerai de plomb.

La manufacture des cristaux de la Reine établie au Creusot en 1787.

Le travail minutieux de la taille du cristal.

Les bâtiments du Creusot sont l'œuvre de l'architecte Barthélemy Jeanson, élève de Soufflot. Après la Révolution, le site industriel comprend une briqueterie où l'on prépare les terres réfractaires pour la construction des fours, une poterie où sont produits les creusets de fusion, un grand atelier destiné à la fabrication du minium, un laboratoire de recherche, de vastes ateliers de taille du cristal et un atelier plus petit dédié à la taille, selon le procédé anglais. En 1800, Emmanuel le Goux visite la cristallerie et décrit son fonctionnement. Il note : « Le feu ne doit jamais s'arrêter et les ouvriers se relaient pour travailler la nuit. La chaleur est insupportable. Les ouvriers sont toujours en sueur et je n'y remarque que des jeunes gens tous maigres et desséchés. »

En 1819, les frères Chagot, propriétaires de l'établissement, ont réussi à percer les secrets de fabrication et de taille de cristal utilisés à Londres, Birmingham et Newcastle, ils ont même embauché des ouvriers anglais pour qu'ils forment leurs collègues creusotins.

Malgré les innovations, la manufacture a du mal à survivre et après la révolution de 1830, elle est au bord de la faillite. Le 19 juin 1833, elle est vendue à la société de Baccarat et de Saint-Louis, avec une clause expresse qui interdit la fabrication de cristal au Creusot pendant cinquante ans. En 1837, les bâtiments sont achetés par les frères Schneider. Ils abritent aujourd'hui un musée, l'académie François Bourdon et l'office de tourisme de la ville.

LES FAÏENCIERS DE NEVERS

Porteur de la fabrication de la majolique, Dominique de Conrade, gentilhomme d'Albissola, près de Savone, vient installer en 1578 à Nevers la première faïencerie. Il jouit de la protection de Louis de Gonzague, duc de Nevers.

Son fils et successeur Francis se vit accorder, sous la minorité de Louis XIV, le brevet de « faïencier de la maison du Roy, estant bien informé de son industrie et grande expérience à faire toutes sortes de vaisseaux de faïence, quelle science rare et particulière étant réservée secrètement de père en fils en la maison de Dominique de Conrade ».
Le Nivernais possède un sol particulièrement riche en argile, marne et sable, matières premières indispensables à la fabrication de la faïence. Aussi voit-on se développer dans la région une industrie qui devient sa spécialité. Les manufacturiers eux-mêmes finissent par demander une limitation des installations. Un arrêté royal de 1743 en fixe le nombre à onze puis à huit. Après la création de La Royale, le chiffre de douze est atteint. En 1846, il ne reste que six faïenceries, le chiffre tombe à cinq en 1850. Ensuite c'est la grande décadence. Seule persiste en 1875 la faïencerie « le Bout du Monde », dirigée par Antoine Montagnon, qui reçoit des prix prestigieux aux expositions internationales, de Philadelphie ou de Paris.
Les décors sont au début imités des majoliques, avec des dominantes bleues et des scènes mythologiques. Au début du XVIIIe siècle, Nevers développe une production de faïence

Assiette en faïence de Nevers à décor mythologique de l'époque des Conrade (1602 à 1660).

utilitaire blanche ou peu décorée et se spécialise dans des productions plus populaires, destinées à la moyenne bourgeoisie qui aspire à imiter l'aristocratie. La clientèle se compose, en effet, surtout de riches nobles de la région ou de grandes villes comme Paris, Nantes ou Orléans.
Le transport de ces pièces fragiles se fait par voie d'eau, l'accès à la région parisienne est facilité par l'ouverture du canal de Briare, en 1642. Ce mode de transport fait la fortune des bateliers des bords de Loire, qui deviennent à leur tour des clients assidus, le décor s'adapte à leur métier.
(Pour les faïenceries encore existantes, voir le site Internet www.nevers.tourisme.com)

Bouteille, assiette et vase à boire de l'époque des Conrade.

Plat représentant deux femmes chinoises s'abritant sous un parasol dans un paysage.

LES MARINIERS DE LA SAÔNE ET DE LA LOIRE

Le transport par voie d'eau fut longtemps d'une importance primordiale, jusqu'à l'arrivée du chemin de fer. Dans l'Antiquité, les bateliers de la Saône formaient une puissante corporation, dont la richesse est attestée par des stèles funéraires portant l'inscription « nautae araciri ».

Marinier déchargeant des tonneaux de vin d'une péniche.

Les mariniers avaient une haute opinion de leur métier : vilains sur terre, ils se considéraient comme des seigneurs sur l'eau. Ils se distinguaient par une tenue vestimentaire du dimanche recherchée : souliers à boucle, vestes courtes avec deux rangées de boutons, boucles d'oreille en or avec l'ancre du salut, chapeau haut de forme. On était marinier de père en fils, les enfants apprenaient dès leur plus jeune âge à manœuvrer les bateaux. Des quartiers entiers étaient peuplés de mariniers, comme le faubourg Sainte-Marie à Chalon-sur-Saône ou la marine de Nevers.
Les mariniers étaient des gens très pieux, regroupés en confréries sous le patronage de saint Nicolas.

Nicolas, saint patron des mariniers, est aussi celui des enfants et des étudiants.

Celui-ci avait, au cours de sa vie, sauvé des marins en détresse au milieu de tempêtes, ce qui lui valut de devenir le protecteur des nautoniers, mariniers, flotteurs, débardeurs et charpentiers en bateaux. On ne compte pas le nombre de statues à son effigie, il apparait sur la vaisselle en faïence du quotidien. La chapelle Saint-Nicolas du pont à Mâcon abritait une statue du saint protégée par une grille. Lors de la grande crue de 1910, trois mariniers hollandais ont eu la vie sauve en s'accrochant à cette grille. Témoins de la ferveur populaire sont également les ex-voto nombreux dans les églises qui jalonnent la Saône ou la Loire. Les confréries de Saint-Nicolas avaient pour objectif de favoriser l'entraide entre leurs membres, dans l'esprit de la religion catholique. Le 9 décembre, jour de la fête de saint Nicolas, il y avait une messe solennelle suivie d'un grand banquet.

Entre deux voyages, le marinier est à terre, il est marié et souvent père de famille nombreuse. Pendant ses loisirs, il s'occupe à graver et à sculpter au couteau des objets en bois : coffres, boîtes à sel, chaufferettes. Les vieux mariniers possèdent un lopin de terre ou une petite vigne.

LA VALLÉE DE LA CÉRAMIQUE

Le creusement du canal du Centre, achevé en 1793, a permis une exploitation industrielle des argiles abondantes dans la région.

La voie d'eau permettait l'alimentation en charbon depuis le bassin de Blanzy-Montchanin, tout proche, et le transport des produits pondéreux vers la Saône et la Loire. Dans la seconde moitié du XIXe siècle, un embranchement ferroviaire est venu compléter les avantages économiques de la région, désormais appelée « vallée de la céramique ». De 1850 à 1910, des dizaines d'usines actives dans ce secteur se sont installées aux environs immédiats du canal, en particulier entre Digoin et Chalon-sur-Saône. Pendant des décennies, on y a fabriqué briques, tuiles, ornements

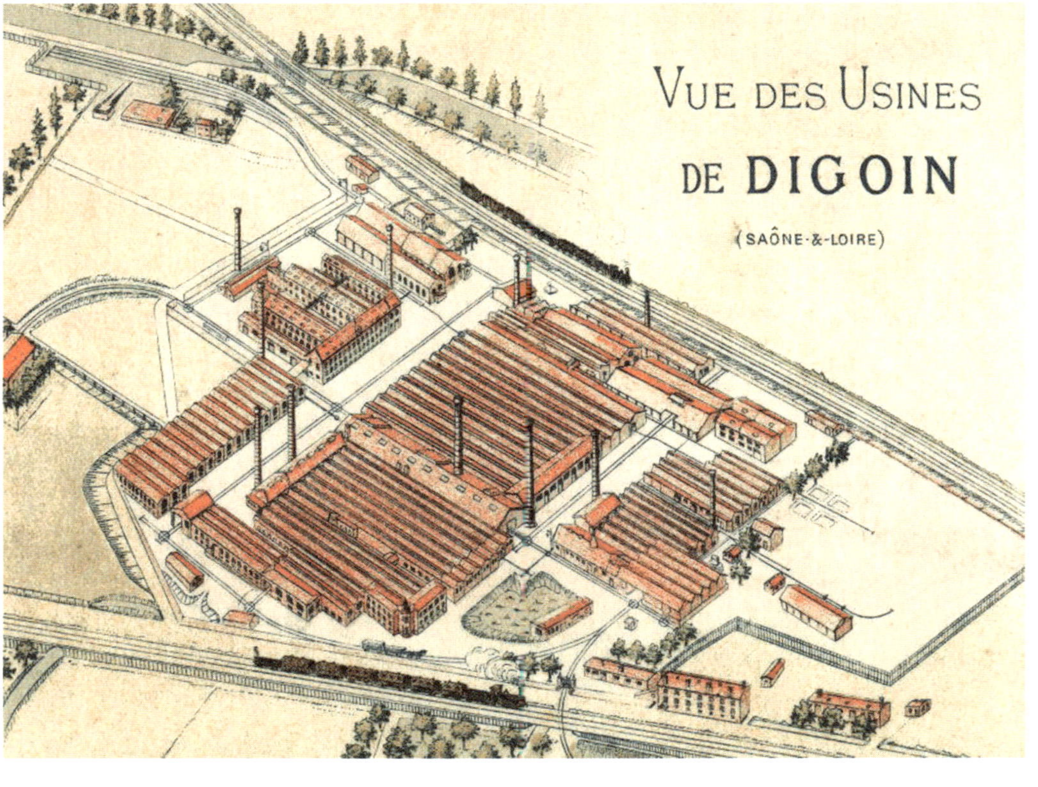

de toiture, carreaux, de la poterie utilitaire et des statuettes d'ornement. L'avènement du béton, du verre industriel et du ciment et l'éparpillement des sites de production ont provoqué l'effondrement de cette activité, surtout dans les années 1960, deux tiers des entreprises ont fermé. Quelques sites ont un riche passé, même si les vestiges ne sont pas toujours là pour l'évoquer.

À Écuisses, après avoir fabriqué des tuiles réfractaires en 1860, Jean-Marie Perrusson installe en 1863 une tuilerie mécanique, à laquelle il ajoute un atelier de fabrication de carreaux en grès cérame à partir de 1875. Il développe cette activité de céramique dans la région, à Saint-Julien-sur-Dheune et Saint-Pantaléon. En 1890, l'entreprise prend le nom de Perrusson père et fils, elle ne cesse de croître et emploie jusqu'à 750 personnes à la fin du XIXe siècle. En avril 1960, elle ferme définitivement ses portes.

Francisque Poulbot a créé cette très belle affiche ventant les mérites des productions de Digoin.

La villa Perrusson

La villa Perrusson, construite entre 1869 et 1900, est un véritable catalogue des produits de la maison. La façade et la toiture sont décorées, avec des tuiles en écaille polychromes, mécaniques noires ou jaunes, des épis de faîtage, des médaillons et des frises d'encadrement pour portes et fenêtres, en terre cuite ou émaillée. Les clients invités à déjeuner pouvaient admirer la somptueuse décoration pendant le repas. Une large éclaircie dans le parc permettait aux voyageurs arrivant par le train d'admirer la façade.

La bénédiction des troupeaux dans le Nivernais au XIXe siècle.

LA VIE EN MARGE

CHAPITRE QUATRE

Place du Morimont, dernière station – Procès en sorcellerie – Quand le bourreau devient victime – La chaîne des galériens passe par la Bourgogne – Les Écorcheurs sèment la terreur – Le procès des Coquillards – Dijon ville reeelle – La peste en Bourgogne – Les hôtels-Dieu – Les hôpitaux psychiatriques – Les étuves dijonnaises – Les escraignes dijonnaises

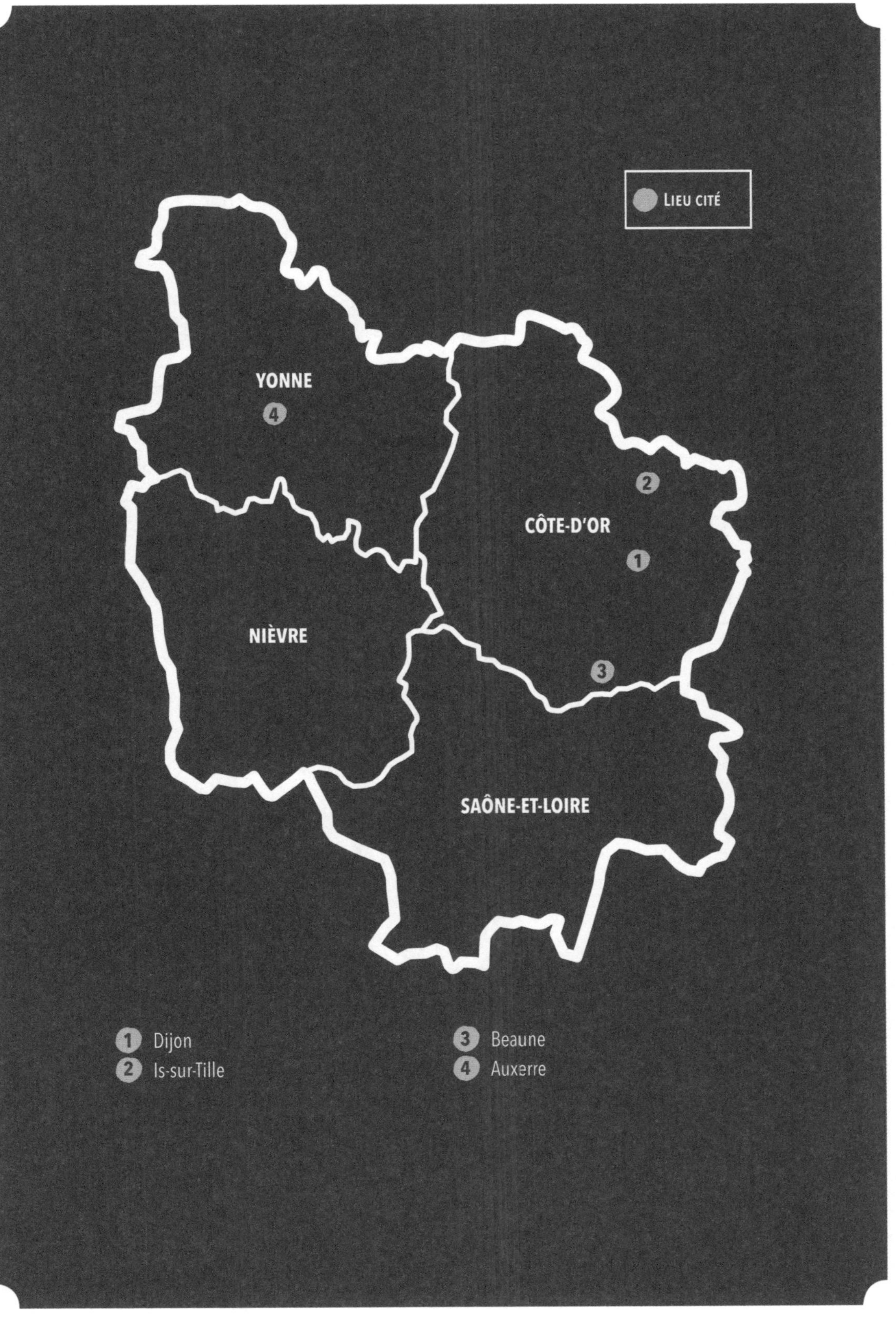
Lieu cité
YONNE
4
CÔTE-D'OR
2
1
3
NIÈVRE
SAÔNE-ET-LOIRE
1 Dijon
2 Is-sur-Tille
3 Beaune
4 Auxerre

Les châtiments évoluent au cours des siècles, la justice est rendue par diverses autorités : ducale, seigneuriale ou municipale.

Sous l'Ancien Régime, on insistait sur le côté infamant de la peine infligée aux coupables : flagellation publique, mise au pilori avec un écriteau avilissant, amende honorable devant l'église Saint-Jean, les exécutions publiques place du Morimont jouaient un rôle édifiant, le bourreau y était le personnage principal. Les peines encourues allaient de la simple amende à l'exécution place du Morimont. La décapitation était réservée aux nobles et aux bourgeois, la pendaison aux manants et voleurs, le feu par le bûcher aux sorcières et hérétiques, le supplice de la roue est appliqué à partir du XVIIe siècle. Parfois les malfrats étaient noyés dans l'Ouche. Les autres sanctions sont le bannissement à vie ou temporaire, la fustigation qui se tenait près du puits de l'hôtel Rolin, les galères à partir de 1539. Les condamnations à mort étaient le plus souvent assorties de fortes amendes et de confiscation des biens.

Le duc était garant de l'ordre public. Un texte de la fin du XIVe siècle énumère ses devoirs. Il lui appartient en particulier de « faire arrêter par ses baillis et mettre en prison les larrons, voleurs, les pillards, les meurtriers,

Le duc de Bourgogne, garant de l'ordre public.

Les mendiants étaient parfois assimilés à des brigands.

les ravisseurs de femmes et les autres malfaiteurs, et ceux qui sont de mauvaise renommée, qu'ils aient ce qu'ils méritent afin que le peuple puisse être en paix ».

Dans les grandes villes sévissait une population flottante d'aventuriers, voleurs de profession, crocheteurs, escamoteurs, faux monnayeurs, mendiants simulant des infirmités, soldats de passage.

La répression est exercée sous les ducs de Bourgogne contre les écorcheurs, puis au XVIIe siècle contre les sorcières et hérétiques, sous Louis XIV persister dans la religion protestante pouvait conduire aux galères. À la Révolution, la guillotine ne chôme pas, des innocents sont exécutés, des suspects échappent à l'échafaud grâce à leurs relations.

Le billot, outil de la décapitation.

PLACE DU MORIMONT, DERNIÈRE STATION

Pendant cinq siècles, cette place (actuellement Émile-Zola) fut le lieu des exécutions publiques.

« *À l'éclair de ces épées dans le jour blanchissant, au balancement funèbre de ces cordes qui tendent les suppliciés, au choc sourd des barres de fer sur les membres des patients, à la fumée empuantie des bûchers où grésillent les corps, on se sent pris de frissons.* » C'est en ces termes que Clément-Janin plante le décor de la place du Morimont à Dijon.

L'échafaud était une plateforme rectangulaire à deux mètres du sol, surmontée d'une croix au pied de laquelle se trouvait le billot, bloc de bois sur lequel « le glaive retentissait comme un couperet sur l'étal d'un boucher » (Clément-Janin). Des deux côtés de l'échafaud, il y avait la potence et la roue. Avant d'être exécuté, le condamné devait faire amende honorable devant l'église Saint-Jean puis se confesser.

Le supplice de la roue.

La guillotine, instrument privilégié de la Révolution.

La première exécution à la guillotine eut lieu le 8 octobre 1792. Le bourreau François Chefdeville, pour qui c'était une première, a mal réglé la machine et insuffisamment dégagé les épaules du condamné, si bien qu'il dut achever la décollation au couteau.

À l'époque de la Terreur, en 1794, il y eut 15 exécutions politiques, parmi lesquelles celles de deux anciens présidents du Parlement de Bourgogne : Jean-Vivant Mecault de Courbeton et Richard de Ruffey, père de l'infortunée Sophie, maîtresse de Mirabeau.

Le 27 décembre 1794, les riverains de la place envoient une pétition au département, ils demandent que l'on épargne « aux âmes délicates et sensibles ce spectacle de sang ». Un arrêté décida que la guillotine serait démontée pour n'être érigée que les jours d'exécution.

Un arrêté municipal de 1832 fit transporter la guillotine sur le chemin communal de Cromois, au sud du clos de Montmuzard.

PROCÈS EN SORCELLERIE

Le 26 mars 1403, le bourreau maître Jehan brûle, sur la place du Morimont, un nommé Poncet du Soulier, convaincu de nécromancie. Le condamné est vêtu d'une chemise soufrée, coiffé d'une mitre sur laquelle son crime était écrit, puis on approche une torche, et le sorcier flambe.

En 1460, Mongin La Corne, tonnelier à Ouges, secrétaire du duc, est accusé de sorcellerie. Le jour de la Sain-Jean, on l'a vu descendre vers les moulins de l'Ouche à cheval, escorté par un homme vêtu de noir et portant des armes noires. Un terrible orage de grêle s'abattit alors sur Dijon, Mongin fut accusé de l'avoir provoqué. Un vigneron de la rue des Moulins aggrava son cas en affirmant qu'il pouvait se rendre invisible quand il voulait. Un vrai sorcier !

Une sorcière nourrissant de curieux compagnons.

Sorcières au bûcher.

Le 28 août 1465, Jehannote de Dijon, accusée de crimes et maléfices, subit la noyade dans un tonneau placé sur l'échafaud. En 1470, Jehanne la Bavarde et Jehanne Moingeon, déclarées sorcières et hérétiques, qui tenaient leur sabbat à Nuits-Saint-Georges, furent condamnées : la première à être brûlée, la seconde fustigée et bannie. Le 12 février de la même année, Marguerite Euvarot, femme de vigneron, accusée de sorcellerie, fut brûlée vive à la demande de l'Inquisition.

Le 4 février 1472, Thévenot Vaultheron, demeurant rue des Grands-Champs à Dijon, passe en jugement pour sorcellerie. Il prétend avoir des dons divinatoires, peut décrire des personnes qu'il n'a jamais vues. Il ne sait pas écrire mais des correspondants ont reçu des lettres qu'il a signées. La nuit, il parle avec des interlocuteurs invisibles. Le couple est soupçonné d'avoir des relations avec une sorcière. Il est jugé à la demande de deux ouvriers qui l'accusent de les avoir ensorcelés et empêchés de se rendre à leur travail. Après enquête auprès de sa femme et des voisins, il s'avère que l'accusé est un ivrogne qui parle à tort et à travers, il est donc acquitté.

QUAND LE BOURREAU DEVIENT VICTIME

Quand le bourreau ne remplit pas pleinement son rôle, cela peut devenir dangereux pour lui…

L'histoire la plus extraordinaire nous est contée par Clément-Janin dans *Le Morimont de Dijon*. Le 12 mai 1625, Hélène Gillet, qui habitait Bourg-en-Bresse, est soupçonnée d'avoir tué son bébé né après un viol. Le corps de son enfant enveloppé d'une chemise à ses initiales est déterré par un corbeau devant la maison de ses parents. Au moment de l'exécution, le bourreau Simon Grandjean offre un spectacle étonnant : il demande pardon à la condamnée et déclare souhaiter être à sa place. Dans son désarroi, il la blesse par deux fois à l'épaule au lieu de la décapiter. La foule furieuse commence à le lapider, et il se réfugie dans la chapelle au pied de l'échafaud. Mais entre-temps, sa femme a décidé d'achever le travail, elle traîne Hélène Gillet sur le lieu d'exécution et entreprend de l'égorger avec la paire de ciseaux destinée à lui couper les cheveux. Mais la foule arrache la condamnée du gibet et met à mort le bourreau et sa femme. Hélène Gillet fait panser ses nombreuses plaies par un chirurgien, elle fut graciée par Louis XIII le 5 juin 1625 et termina sa longue vie dans un couvent de la Bresse.

Dans l'attente de la sentence.

Lieux d'exécution à Dijon

Pendant cinq siècles, la place du Morimont (actuellement place Émile-Zola) fut le lieu des supplices et des exécutions. On y trouvait un échafaud, une croix au pied de laquelle se trouvait le billot, « sur lequel le glaive retentissait comme un couperet sur l'étal d'un boucher » (Clément-Janin), une potence, une roue et une chapelle. À la Révolution, la guillotine y est dressée, elle y restera jusqu'en 1794. Sous l'occupation, 126 résistants ont été fusillés sur le stand de tir de Montmuzard, entre août 1940 et juillet 1944. La dernière exécution par guillotine à Dijon eut lieu le 8 juillet 1960, dans la cour de la prison.

La décapitation était un acte de grande précision…

LA CHAÎNE DES GALÉRIENS PASSE PAR LA BOURGOGNE

Au XVIIe siècle, Dijon était une étape dans la chaîne des galériens qui, trois fois par an, partait de Paris vers le Sud, longeait la vallée de la Seine jusqu'à Montereau puis, de l'Yonne, passait par Auxerre, Montbard et Alise-Sainte-Reine.

Une chaîne de galériens.

Un forçat condamné à la perpétuité.

Le sous-sol de la Tournelle à Dijon était une sorte de gare de triage, où les galériens attendaient parfois des semaines avant de continuer pour Marseille, Brest, Dunkerque ou Bordeaux. Les condamnés étaient de petits délinquants, des vagabonds, des déserteurs, des contrebandiers ou des protestants ayant refusé d'abjurer leur foi après la révocation de l'édit de Nantes. Avant leur départ, ils étaient marqués au fer rouge des trois lettres GAL. Ils étaient ensuite attachés à une grande chaîne pesant plusieurs dizaines de kilos, les convois comptaient 200 à 400 hommes et parcouraient en moyenne 25 kilomètres par jour. Les conditions du voyage à pied étaient très éprouvantes, beaucoup mouraient en route d'épuisement. Le passage des chaînes dans les villes et villages provoquait une curiosité mêlée de crainte, d'horreur et de compassion.

Quelques récits de destins individuels nous sont parvenus, comme celui d'Isaac Le Fèvre, membre de l'église réformée de Corbigny-en-Nivernais, qui dut attendre deux mois à Dijon la chaîne devant le conduire à Chalon-Sur-Saône. Il est décédé le 14 juin 1702, après quinze années de séjour dans les cachots du fort Saint-Jean à Marseille. Un autre destin : celui de Louis de Marolles, mathématicien et philosophe, conseiller du roi à Sainte-Menehould. Arrêté le 7 décembre 1685 pour tentative de fuite à l'étranger, il est condamné aux galères à perpétuité. Protestant convaincu, il refuse un entretien avec Bossuet, censé le convertir. Enfermé d'abord dans la prison de la Tournelle à Paris, il fait partie d'une des chaînes qui font escale à Dijon. Il sera ensuite le compagnon d'Isaac Le Fèvre dans le bateau entre Chalon-sur-Saône et Marseille. Il est décédé le 7 juin 1792.

LES ÉCORCHEURS SÈMENT LA TERREUR

Des bandes de soldats sans foi ni loi, menées par des nobles désœuvrés et appelés Écorcheurs, écument la Bourgogne au début du XVe siècle.

En 1434, le sire de Chastelvillain, à la tête d'une bande de soudards, envahit Is-sur-Tille, soixante-dix maisons sont incendiées, la tour, l'église, la maison forte de Jean de Saulx sont détruites. Après le coup de force, il ne reste que quarante habitants dans le village. Le 14 décembre 1437, une extrême agitation règne dans le même village. Des écorcheurs venus de Langres et commandés par le Bâtard de Bourbon se dirigent vers Dijon. La troupe investit le bourg lorsqu'arrive Guillaume de Saulx, seigneur d'Arc-sur-Tille, qui est resté fidèle au roi. Il demande au Bâtard d'épargner la population :

Noyade des condamnés.

« Que t'ont fait ces paisibles laboureurs, ces enfants au berceau, ces femmes faibles et timides ? » La réponse ne se fait pas attendre : « Annonce à Monsieur le gouverneur de Bourgogne que dans peu de jours j'irai le visiter dans sa courtoise ville de Dijon avec trois mille fûts de lances. » (*Revue de la Côte d'or et de l'ancienne Bourgogne, volume 1*)

Le 23 août 1436, branle-bas de combat dans toute la ville de Dijon. Trois portes restent ouvertes : Pont d'Ouche, Saint-Nicolas et Saint-Pierre, elles sont gardées à tour de rôle. On change les serrures, des chaînes sont tendues dans les rues, le guet est rétabli à Notre-Dame.

Le 28 mars 1440, Girard Maréchal, procureur du duc de Bourgogne, s'est emparé de 18 à 20 écorcheurs dans les faubourgs de Dijon, à l'auberge de Thibaud Noblement. Ils furent incarcérés jusqu'au 5 avril, date à laquelle ils furent condamnés à être noyés dans l'Ouche, sentence qui fut exécutée le soir même. Le lendemain, on retira de l'eau tous les corps et on les enterra au bord de la rivière. Ils possédaient 143 livres qui furent confisquées, on préleva 40 sols pour les cordeliers qui avaient assisté leurs derniers moments.

Les bandes d'écorcheurs combattirent avec une férocité inouïe.

LE PROCÈS DES COQUILLARDS

Une bande bien organisée préparait un coup de main sur Dijon.

En cette année 1455, à la tombée de la nuit, nul Dijonnais n'osait s'aventurer dans les rues. Chargé de rétablir la sécurité dans la ville par le vicomte maïeur, le procureur syndic Jehan Rabustel apprit qu'une bande de brigands, qui écumait la région, avait coutume de se rassembler au logis d'un sergent de ville. Ils passaient leur temps à boire, à manger, à jouer aux cartes et le soir ils rentraient de leurs expéditions « couverts d'or et d'argent ». Un coup de filet permit l'arrestation de douze malfaiteurs qui s'étaient cachés dans des coffres aux premières sommations du procureur. Finalement, soixante brigands sont arrêtés. Parmi eux se trouvaient deux barbiers, un chaussetier, un tailleur de pierre, un orfèvre, une prostituée, un sergent de ville, qui était en même temps tenancier de bordel et pouvait leur fournir de précieux renseignements ! Soumis à la question, tous restèrent muets à l'exception du plus jeune d'entre eux, nommé Dimanche-le-Loup, qui accepta de faire des révélations contre la promesse de sa libération. Très bavard, il donna aux enquêteurs les clés du langage de ses compagnons qui s'appelaient les Coquillards : les crocheteurs sont les spécialistes des serrures, les vendangeurs coupent les bourses, les pipeurs escroquent au jeu, les baladeurs vendent des faux bijoux, etc. Il révèle qu'avec le renfort de compagnons venus d'ailleurs la bande projetait d'organiser un pillage général de la ville de Dijon. Trois des brigands furent condamnés à être bouillis vivants place du Morimont pour fabrication de fausse monnaie, six autres, convaincus d'escroqueries, furent condamnés aux fourches patibulaires. Jacquot de la mer, chez qui se tenaient les réunions, accusé de complicité, partagea leur sort. L'exécution eut lieu le 18 décembre 1455, devant une foule nombreuse venue de tout le duché.

Les pendaisons succédèrent aux exactions.

DIJON VILLE REBELLE

Dijon est en général une ville calme, mais elle a connu quelques accès de fièvre, en particulier dans les milieux des vignerons et des artisans.

Les 17 et 18 avril 1359, une jacquerie éclate à Dijon. Les rebelles assassinent Jean Rosier, conseiller de la reine Jeanne de Boulogne, et mettent le feu au couvent des Jacobins. Les meneurs furent pendus aux fourches de Dijon et de Talant, Adeline la chapelière fut brûlée vive.

Le jeudi 26 juin 1477, deux jours après l'élection du maire Étienne Berbisey, acquis à la cause de Louis XI, une révolte connue sous le nom de « mutemaque » éclate au faubourg Saint-Nicolas. La foule armée de piques et de hallebardes s'assemble aux cris de « Vive Bourgogne ! ».

Vue sur la cité de Dijon.

Le meneur est Chrestiennot Vyon, un boutiquier ruiné de la rue Saint-Nicolas, qui avait eu maille à partir avec la justice municipale. Les émeutiers se rendent d'abord à la tour Saint-Nicolas, dont ils exigent les clés. Négligeant l'artillerie qui y était entreposée, ils se contentent de mettre en pièces le panonceau royal. Ils se dirigent ensuite vers la place des Cordeliers, où était réunie la chambre de ville. En chemin, ils croisent la route de Jean Jouard, président du Parlement, un des principaux artisans de la soumission à Louis XI. Au cours d'une altercation, il est mortellement blessé par Chrestiennot Vyon. La foule, composée de vignerons et artisans, pille ensuite les hôtels particuliers de plusieurs notables de la ville. Dans les jours qui suivent, la municipalité reprend le contrôle de la situation.

Le 30 juin, le maire, les échevins, les gens d'Église, les bourgeois et marchands assemblés au couvent des Jacobins réitèrent solennellement leur obéissance au roi. La révolte est rapidement matée par la troupe envoyée par De La Trémouille, Chrestiennot Vyon est emprisonné puis condamné à mort et exécuté le 7 juillet. Les autres meneurs sont condamnés à mort ou au bannissement perpétuel.

Louis de la Trémoille qui vint à bout des insurgés.

LA PESTE EN BOURGOGNE

En 1347, la peste noire est à Messine, elle gagne ensuite Gênes et Marseille, la pandémie se répand le pourtour méditerranéen et s'étend du sud au nord. En juillet 1348, elle atteint la Bourgogne du Sud. Le registre paroissial de Givry (Saône-et-Loire) montre que la moitié de la population y est décédée entre août et novembre de cette année.

Entre 1352 et 1362, plusieurs vagues sont signalées dans l'Avallonnais, l'Auxerrois, l'Autunois et le Dijonnais. En 1361, le duc de Bourgogne Philippe de Rouvres est emporté à l'âge de 15 ans, son décès met fin à la dynastie des ducs capétiens et ouvre la voie aux Valois. La seconde moitié du XVIe siècle connaît plusieurs vagues, la peste est devenue endémique en Bourgogne. Les villes essaient de se protéger en édictant des règlements très stricts, comme celui publié en mai 1597 à Dijon. « Aux personnes atteintes de ladite maladie, il est fait défense de se porter sur les grands chemins, parmi les sains, ni de se mêler aux assemblées dans les rues et d'approcher les portes et avenues de ladite ville, sous peine d'être arquebusés. » La ville fait ériger une potence du côté du Pont-aux-Chèvres pour y attacher « les délinquants et les personnes dignes d'âtre arquebusées ». Par ailleurs, tous les suspects sont regroupés dans un nouvel hôpital installé sur une île de l'Ouche.

Médecin en costume pendant l'épidémie de peste.

Les ravages de la peste.

Une des épidémies les plus meurtrières fut celle de 1628, elle se diffuse avec les déplacements de la guerre de Trente ans et atteint son apogée en 1636. « Beaune devint désert, la plupart des maisons et des boutiques furent fermées, et l'herbe crût d'un demi-pied dans les rues les plus fréquentées auparavant ; plusieurs habitants se retirèrent à la Campagne, et ceux qui restèrent à la Ville suffirent à peine pour soulager les mourants et enterrer les morts. » (Gandelot, *Histoire de Beaune*) Les habitants fuient les villes ou se barricadent chez eux, espérant que portes et fenêtres feraient une barrière à la maladie.

Le rat, vecteur de la terrible maladie.

LES HÔTELS-DIEU

La Bourgogne, située sur un axe commercial important matérialisé par la Saône, traversée par les chemins de pèlerinage vers Saint-Jacques-de-Compostelle, Rome ou la Terre sainte, s'est dotée d'un dense réseau d'hôtels-Dieu, maisons-Dieu, hospices, maladreries ou léproseries.

Nicolas Rolin.

L'initiative de leur fondation revient à des institutions religieuses (évêchés ou abbayes), au duc de Bourgogne, à de riches seigneurs ou bourgeois ou au conseil de ville. En 1204, le duc de Bourgogne Eudes III crée à Dijon l'hôpital du Saint-Esprit et le confie à une communauté venue de Montpellier. Situé dans un îlot entouré des bras de l'Ouche, il est destiné à accueillir des pèlerins, des pauvres et des enfants abandonnés. À la fin du siècle (1296), Marguerite de Bourgogne, qui est la veuve de Charles de France, frère de Saint-Louis, fonde à Tonnerre l'hôpital des Fontenilles.

En 1443, le chancelier de Philippe le Bon, Nicolas Rolin, fonde à Beaune un magnifique hôtel-Dieu.

Une religieuse hospitalière de Dijon.

Les quatre vertus Prudentia, Temperantia, Fortitudo et Justitia enseignent aux religieuses comment soigner les malades.

L'acte de fondation précise dans quel esprit il a agi : « Négligeant toutes sollicitudes humaines et dans l'intérêt de mon salut, désirant par un heureux commerce échanger contre des biens célestes, les biens temporels que je dois à la divine providence et de périssables les rendre éternels, (…) je fonde et dote irrévocablement dans la ville de Beaune un hôpital pour les pauvres malades. »

En 1645, le bureau des pauvres de la ville d'Autun se plaint du « grand nombre de pauvres dont on est accablé en cette ville, tant aux églises qu'aux portes des maisons, la plupart étrangers et fainéants, des filles que la nécessité oblige à se prostituer, et des bâtards qui en proviennent, à la charge dudit bureau ». Il décide de faire construire une maison de charité pour y enfermer les pauvres, afin de les nourrir, de subvenir à leur entretien, de les instruire à servir Dieu et à gagner leur vie.

Le plan des hôtels-Dieu médiévaux témoigne du souci de soigner l'âme autant que le corps. La salle des malades, de forme rectangulaire, surmontée d'un clocher, représente la nef, elle est régulièrement terminée par une chapelle, les lits ont remplacé les bancs.

LES HÔPITAUX PSYCHIATRIQUES

Une innovation notable à la fin du XIXe siècle est la fondation d'établissements spécialisés dans le traitement des aliénés.

Les travaux du docteur Esquirol ont inspiré la loi du 30 juin 1838, qui rend obligatoire la création d'un asile psychiatrique dans chaque département français. En 1833, le département de la Côte-d'Or avait acheté le domaine de la Chartreuse de Dijon, pour y construire un asile d'aliénés, qui fut réalisé entre 1839 et 1844 sous la direction de l'architecte Pierre-Paul Petit, en collaboration avec le docteur Esquirol. Une série d'articles parus dans *Le Progrès de la Côte-d'Or* en décembre 1881 et janvier 1882 permet de se faire une idée du fonctionnement de l'établissement en cette fin du XIXe siècle.

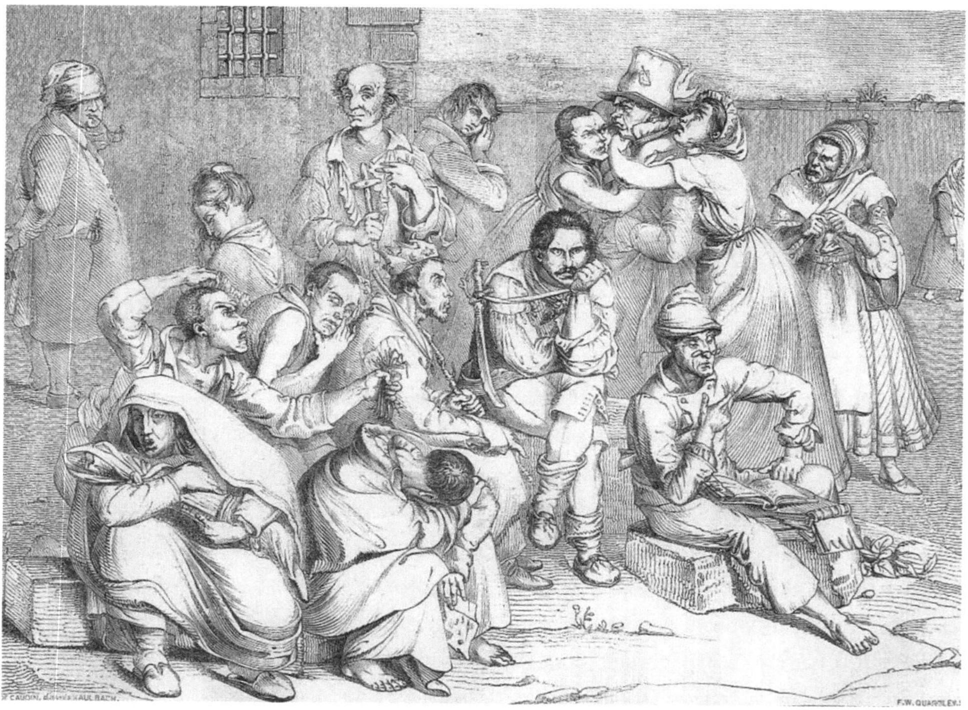

Un asile d'aliénés.

La Chartreuse de Dijon.

Le directeur raconte : « Le repas terminé, les hommes valides sont comme des soldats passés en revue par le surveillant en chef des travaux extérieurs. Ce régiment est divisé en bataillons, ces bataillons en compagnies, qui se distribuent dans les divers services de l'établissement : les uns vont aux champs, à la ferme, pendant que les autres se rendent dans les ateliers de serrurerie, de menuiserie, de cordonnerie, etc. Le travail, outre qu'il constitue le plus puissant moyen de traitement dont dispose le médecin, vient considérablement diminuer les charges du département, tout en procurant au malade lui-même un certain bien-être. » À cette époque, l'asile compte 500 malades, 400 placés à la suite d'arrêtés du préfet de la Côte-d'Or, 100 autres à la demande des familles. Les patients sont distribués à l'intérieur de l'hôpital par groupes baptisés : tranquilles, agités, paralytiques, épileptiques, malpropres. »

L'hôpital psychiatrique d'Auxerre est bâti de 1844 à 1858 sous l'impulsion du préfet Haussmann, qui exerce alors dans cette ville. Il applique les principes exposés par le docteur Girard de Cailleux, avec les services généraux au centre, les malades sont répartis selon leur état dans des pavillons reliés par des galeries couvertes. L'établissement d'Auxerre a servi de modèle pour les principaux asiles construits à Paris (Sainte-Anne) et en France.

LES ÉTUVES DIJONNAISES

Malgré les nombreux règlements interdisant d'y recevoir des prostituées ou précisant les jours et heures réservés, soit aux hommes, soit aux femmes, les étuves dijonnaises étaient de véritables maisons closes.

Tous les bains étaient pourvus de jeunes chambrières, ils étaient équipés de chaufferies et de cuves, les chambres y étaient nombreuses et la literie abondante, comme l'attestent les inventaires. En 1470, on comptait à Dijon sept étuves : celles de Saint-Philibert, de Langres, du Vertbois, du Palais, de Saint-Michel, de Saint-Seine et de La Rochelle. Les étuves de Saint-Michel appartenaient à l'abbaye Saint-Étienne, celles de Langres à l'évêque. Il y avait une centaine de filles publiques pour une population de 10 000 habitants. Les étuves étaient fermées en cas d'épidémies et pendant la semaine sainte et les fêtes de la Nativité. Les étuves avaient la préférence des clients, car les filles y étaient plus jeunes, on y était plus tranquille, elles avaient de nombreuses cachettes et plusieurs issues.

Une jolie fille peu farouche.

Les étuves, lieux de rencontres les plus diverses…

Les tenancières des étuves étaient des maquerelles notoires. Jeanne Saignant a tenu au milieu du XVe siècle les étuves de Saint-Philibert pendant vingt ans. Elle était entourée d'un mari falot, d'un frère prêtre, d'un protecteur bien en cour et de plusieurs amants. Elle n'hésitait pas à vanter sur la place publique des « chairs de haute graisse » qui fréquentaient ses bains. Elle s'attachait les filles en leur créant des dettes, narguait les échevins quand ils n'étaient pas ses clients. Elle dut mettre fin à ses activités après avoir exercé un chantage sur des jeunes femmes appartenant aux meilleures familles dijonnaises.

Le contrôle des étuves était très peu strict, les rares visites du guet étaient sans conséquence. L'échevin Fremyot, commis au guet, a plusieurs fois perquisitionné aux étuves Saint-Philibert, « sans toutefois faire aucun dommage ou déplaisir à personne », car il n'y a trouvé que des prêtres ou des hommes et des femmes mariés.

LES ESCRAIGNES DIJONNAISES

Au début d'un ouvrage qui leur est consacré, Tabourot des Accords donne une description détaillée des escraignes dijonnaises.

Beaucoup de pauvres vignerons, qui n'ont pas les moyens d'acheter du bois pour se protéger du froid l'hiver, bâtissent en un lieu écarté des « taudis », baraques composées de plusieurs perches fichées en terre pour former un cercle, repliées sur le dessus, le tout recouvert de gazon, de mottes et de fumier, afin de les rendre étanches. À l'abri des vents, on ménage une ouverture d'un pied de large et deux pieds de haut.

Après souper s'assemblaient les jeunes gens et les jeunes filles avec leurs quenouilles, on veillait jusqu'à minuit, échangeait des potins, racontait des histoires. Avec une petite lampe pour s'éclairer et une chaufferette, les filles travaillaient ainsi autant la nuit que le jour pour mieux gagner leur vie. La chaleur humaine augmentait la température dans ces espaces confinés. Parfois, on passait d'une escraigne à l'autre dans la même soirée.

Étienne Tabourot des Accords

Étienne Tabourot des Accords est né à Dijon en 1549. Son père Guillaume est un brillant avocat, seigneur de la Tour Sainte-Appoline, conseiller du roi et maître à la cour des comptes de Dijon. Son oncle, qui est chanoine de Langres, a contribué à sa formation littéraire. La devise familiale « à tous accords » a été accolée à son nom de plume. Il est connu pour sa poésie gaillarde et ses pièces riches en rébus, anagrammes et acrostiches. Il invente des mots et puise largement dans le dialecte bourguignon. Il est décédé en 1590 et inhumé dans la cathédrale Saint-Bénigne, où se trouve sa dalle funéraire.

Etienne Tabourot des Accords, l'« humaniste à l'esprit facétieux ».

Une assemblée joyeuse et divertissante.

Tabourot des Accords donne la parole tour à tour à Claude Fainéant, Marguerite la Sucrée, Katherine l'Enragée, Margot l'Effondrée, Colas l'Estourdy. C'est à qui donnera le récit le plus scatologique et le plus grivois.

Le meilleur récitant de la soirée avait droit à un baiser à la jeune fille de son choix, tandis que le plus absurde écopait d'une volée de coups de chaussures. Les escraignes étaient démolies à la fin de l'hiver puis reconstruites l'année suivante.

La place Royale de Dijon en 1781.

DEUXIÈME PARTIE

TRADITIONS BOURGUIGNONNES

Il serait réducteur de penser que la Bourgogne ne doit sa notoriété qu'aux traditions liées à la gastronomie et particulièrement au vin, même si, dès le Moyen Âge, les moines de Cîteaux se sont intéressés à la sélection des cépages et ont amélioré la vinification. Bien entendu, les hospices de Beaune ont également contribué à faire connaître la terre des ducs de Bourgogne qui eux-mêmes ont fait du vin un bien de prestige. Bien au-delà des frontières, les ventes annuelles des Hospices de Beaune contribuent à cette image immuable. D'autres initiatives corporatistes, comme les chevaliers du Tastevin, ont rattaché durablement, et ce à juste titre, la Bourgogne au monde du vin. C'est à des hommes comme Georges Faiveley et Camille Rodier que l'on doit, dans les années 1930, les premières intronisations. Aujourd'hui elles se font dans les prestigieuses caves du Clos-Vougeot ; c'est là que s'engagent des personnalités et des anonymes, tous parrainés, de « *contribuer de toutes (leurs) forces vineuses à la propagande parlée, écrite et vécue, en faveur des vins de Bourgogne général et de Nuits-Saint-Georges en particulier* ».

Ce serpent ailé avec une bague en rubis (détail), peint par Lucas Cranach l'Ancien, peut être assimilé à la vouivre.

Mais les traditions de la Bourgogne s'inscrivent dans une réalité encore plus ancienne qui perdurent à travers ses légendes, où l'eau tient notamment une grande place. On ne compte plus les sources jaillissantes et miraculeuses, voire divinatoires, comme à Lassey en Côte d'Or (puits Saint-Martin) ou à Larrey-les-Dijon (fontaine d'Ouche) ou encore à Vic-de-Chassenay.

Cette eau généreuse se déverse dans les étangs, alimente les sources et les bassins. On dit que la vouivre aime y boire et s'y baigner, alors que d'autres créatures, comme Mélusine, préfèrent la terre ferme pour hanter des sites historiques comme le château de Maulnes.

Avant l'enracinement du christianisme, facilité par des saints comme saint Bénigne à Dijon, l'arrivée des reliques de saint Lazare à Autun, celles de Marie-Madeleine à Vézelay, ou encore celles de saint Philibert à Tournus, les dieux de la Gaule trouvaient un cadre favorable pour enrichir les croyances populaires. Rien d'étonnant que des traces païennes ressurgissent lors de fouilles à Alésia ou à Bibracte, certes bien moins vivantes que les monastères et sanctuaires de Cîteaux, Cluny, Taizé... En effet, tous ces monuments, qui s'élèvent encore aujourd'hui sur les terres bourguignonnes, rappellent que c'est bien une terre de cultes. C'est bien là où sont nés les deux plus grands ordres monastiques qui ont ensuite essaimé dans l'Occident chrétien, c'est également dans cette région que le Christ est apparu à Marguerite-Marie Alacoque à Paray-le-Monial, un haut lieu de dévotion en France qui réunit chaque année des milliers de pèlerins.

Bernard de Fontaine, fondateur de l'abbaye de Clairvaux.

LA BOURGOGNE À LA RECHERCHE D'UNE IDENTITÉ

CHAPITRE PREMIER

Le mythe de la Toison d'or – Les chevaliers du Tastevin – Pourquoi saint Vincent est-il le patron des vignerons ? – Les corporations – Les courtiers gourmets de Beaune – La vente des vins des Hospices de Beaune – Une aventure théâtrale en Bourgogne : Jacques Copeau et les « Copiaus » – Dijon, capitale gastronomique

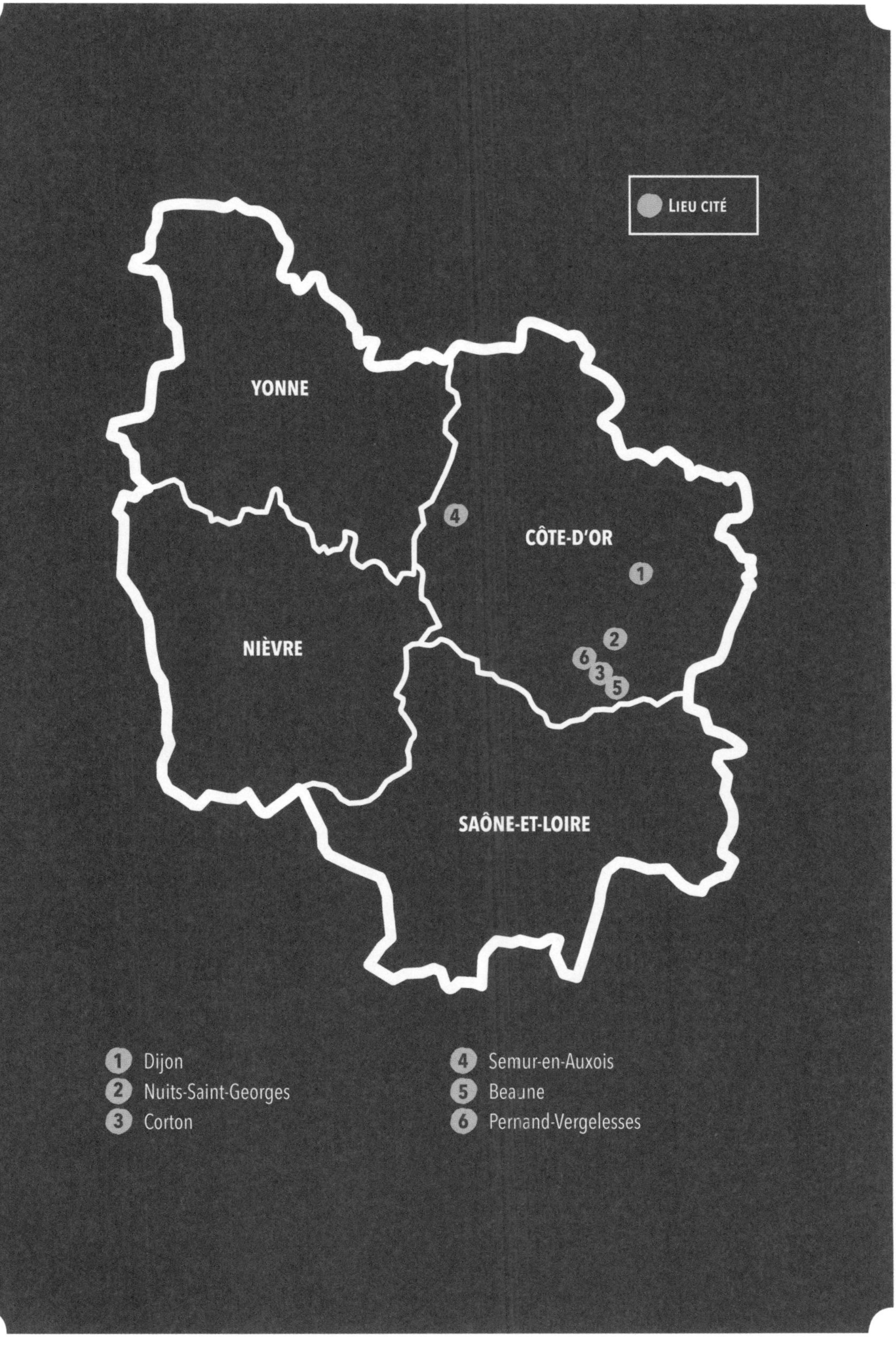
Lieu cité
YONNE
CÔTE-D'OR
NIÈVRE
SAÔNE-ET-LOIRE
1 Dijon
2 Nuits-Saint-Georges
3 Corton
4 Semur-en-Auxois
5 Beaune
6 Pernand-Vergelesses

« La France n'a pas d'élément plus liant que la Bourgogne, plus capable de réconcilier le Nord et le Midi. »
(Jules Michelet, Tableau de la France)

La Bourgogne n'a pas de frontières naturelles, si bien qu'elle reste ouverte à toutes les influences : climatiques, artistiques ou spirituelles. Selon Gaston Roupnel, elle est l'intermédiaire entre les pays riants de la Méditerranée et les terres brumeuses du Nord. « C'est par elle, et en elle, que se sont réunis et conciliés les influences particulières et les génies dissemblables des deux climats que se partage l'homme. »

En créant l'ordre de la Toison d'or en 1430, Philippe le Bon tente de créer un lien entre la Bourgogne et la Flandre en puisant dans un imaginaire chevaleresque. Le rêve de Charles le Téméraire est de reconstituer le vaste royaume de Lotharingie, mais il échoue dans l'aventure lorraine et meurt à Nancy.

Un des principaux marqueurs de l'identité bourguignonne reste le vin. Au Moyen Âge, les moines de Cîteaux et de Cluny améliorent par petites touches la vinification. Ils s'intéressent à toutes ses étapes : sélection des cépages, taille de la vigne, conservation du vin. Ils sont à l'origine de la définition des climats, lopins de terre bien définis selon la nature du sol et les conditions climatiques.

À partir du XIVe siècle, les ducs de Bourgogne font du vin un élément de prestige. En 1395, Philippe le Hardi rédige une ordonnance qui interdit la propagation du gamay, cépage considéré comme moins noble que le pinot. Les ducs deviennent les meilleurs ambassadeurs du Bourgogne.

Une autre caractéristique de la Bourgogne est la gastronomie. Déjà au Moyen Âge, les cuisines ducales avec leurs immenses cheminées sont le témoin du soin apporté à la préparation des repas, servis dans la grande salle des Gardes avec accompagnement musical. La foire gastronomique, créée en 1921 sous l'impulsion du maire de Dijon Gaston Gérard, vient asseoir cette réputation ; la Cité gastronomique de Dijon sera l'accomplissement d'une vigoureuse mise en valeur du bien manger et du bien boire.

Les vendanges en Bourgogne, illustration d'un manuel scolaire vers 1910.

LE MYTHE DE LA TOISON D'OR

Philippe le Bon régnait sur un duché qui s'étendait jusqu'à la mer du Nord. Pour fédérer les aristocraties de ses possessions, il eut l'idée d'un nouvel ordre de chevalerie.

L'ordre de la Toison d'or fut créé à Bruges le 10 janvier 1430 par Philippe le Bon, à l'occasion de son mariage avec Isabelle de Portugal. Le duc de Bourgogne, qui régnait sur des territoires disparates, entendait créer un lien entre les chevaleries autour de sa personne. Le nombre de chevaliers fut limité à 24, puis 30, chacun d'eux devait prêter serment d'aide et de fidélité au duc et s'engager à participer à la croisade si elle était organisée. Le duc de Bourgogne entendait ainsi marquer sa place et son prestige à côté du roi de France et de l'empereur du Saint Empire romain germanique. Le siège de l'ordre était la Sainte-Chapelle de Dijon, mais un seul chapitre y eut lieu, en 1433. Les autres se tinrent dans des villes flamandes ou du nord de la France.

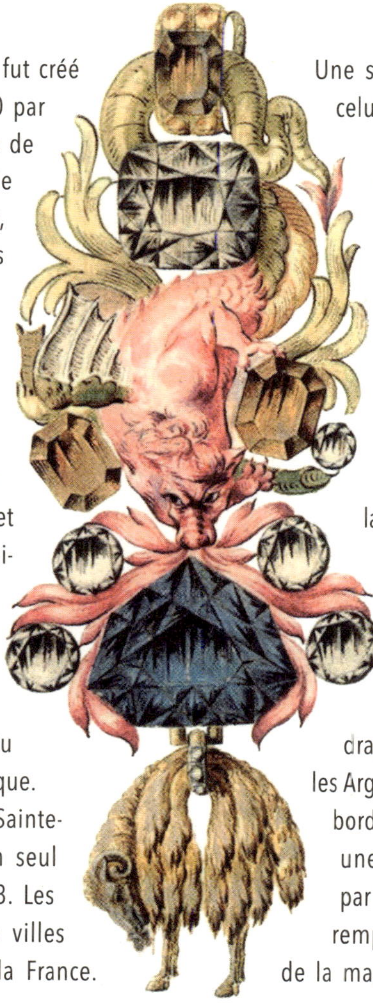

Détail du collier de la Toison d'or.

Une solennité particulière entoura celui tenu à Lille en 1454, où les chevaliers prêtèrent le vœu du Faisan. Ils s'engageaient à partir en croisade pour délivrer Jérusalem et à faire pénitence jusqu'à la victoire.

Philippe le Bon était féru de littérature chevaleresque et il a choisi comme mythe fondateur la quête de Jason, parti en Colchide à la recherche de la toison d'or. Celle-ci avait appartenu à un bélier merveilleux né de Poséidon, capable de nager et de voler. Sa toison avait été attachée à un chêne, sous la garde d'un dragon. Jason et ses compagnons les Argonautes arrivent en Colchide à bord de la nef Argo et doivent subir une série d'épreuves imposées par le roi du lieu, Aiétès. Le héros remplit sa mission grâce à l'aide de la magicienne Médée, fille du roi.

La remise du collier de l'ordre de la Toison d'or par le duc de Bourgogne, en son palais.

Amoureuse de lui, elle lui procure un onguent qui lui permet de se protéger des flammes du dragon, puis elle jette un sort aux soldats qui gardent la toison, ceux-ci s'entre-tuent, et Jason peut ainsi se saisir de son trophée. L'ordre de la Toison d'or a survécu à la mort du dernier grand-duc de Bourgogne, il a été perpétué par Maximilien de Habsbourg qui avait épousé la fille du Téméraire, Marie de Bourgogne, puis par Charles Quint. Au début du XVIIe siècle, l'ordre se divise en deux branches : l'une est autrichienne, l'autre a pour grand maître le roi d'Espagne. La Schatzkammer de Vienne conserve un des colliers de l'ordre et une chasuble qui était utilisée lors des services divins.

La conquête de la Toison d'or par Jason.

LES CHEVALIERS DU TASTEVIN

L'aventure commence dans un caveau de Nuits-Saint-Georges. Face à la crise qui frappe le monde viticole au début des années 1930, deux vignerons, Georges Faiveley et Camille Rodier, ont décidé de réagir. Le 16 novembre 1934, ils créent la confrérie des chevaliers du Tastevin.

Son but est d'introniser des membres qui se feront les ambassadeurs des vins fins de Bourgogne. Les premières intronisations ont lieu dans le caveau puis dans les caves du Clos Vougeot, mises à leur disposition par le député de la Côte-d'Or Camuzet.

Le symbole de la confrérie.

À la fin de la Seconde Guerre mondiale, ils se portent acquéreurs du château, qui devient le siège de la confrérie.

Lors du premier chapitre, il y avait 28 journalistes parmi les 47 intronisés. Les autres participants sont des représentants du négoce nuiton et des propriétaires membres du syndicat d'initiative. L'intronisation des nouveaux chevaliers a tout d'un spectacle : trois coups sont frappés sur un tonneau, une lumière éblouissante jaillit, les chevaliers sont costumés. Ils portent une longue robe rouge, couleur du vin, avec des hermines, et un bonnet carré qui évoque l'université. Un taste-vin est suspendu à un ruban or et rouge. Le grand chambellan prononce un discours en latin de cuisine, dont voici un échantillon : « Bonum vinum laetifiat cor hominum », « Totus mundus trinquat cum illustre Pinot/ Imbecilli soli ne boivent que de l'eau ». L'impétrant doit jurer de « contribuer de toutes ses forces vineuses à la propagande parlée, écrite et vécue, en faveur des vins de Bourgogne en général et de Nuits-Saint-Georges en particulier ».

Cette propagande en faveur des vins de propriétaires intervient au moment où est votée la loi de 1935

Un membre du Grand Conseil des chevaliers du Tastevin.

créant les appellations d'origine contrôlée (AOC). La spécificité des vins de Bourgogne connaît sa consécration le 4 juillet 2015, lorsque l'UNESCO inscrit les climats au patrimoine mondial, avec la mention : « Le site est un exemple remarquable de production vitivinicole développé depuis le haut Moyen Âge. » La surface protégée couvre 50 000 hectares, situés sur la côte de Nuits et la côte de Beaune.

POURQUOI SAINT VINCENT EST-IL LE PATRON DES VIGNERONS ?

Le vin est le sang du Christ. Est-ce pour cette raison que saint Vincent est devenu le patron des vignerons ? Ou bien son âne aurait-il brouté une vigne ?

Vincent Palotti est né à Huesca, il a été converti au christianisme par l'évêque de Saragosse, et a subi le martyre le 22 janvier 304, à Valence. Il fut étendu sur un grill et aurait pu, comme saint Laurent, devenir le saint patron des rôtisseurs. Mais ce sont les vignerons qui l'ont choisi. Certains évoquent la similitude de son nom avec le vin et le sang du Christ. Un instrument de son supplice aurait été une pièce de pressoir, son sang a coulé à la place du vin, ce qui donne à son martyre une dimension mystique. Une autre thèse, plus terre à terre, expose qu'au VIe siècle, des moines de Saragosse auraient placé leur vignoble sous la protection de saint Vincent, après le transfert d'une de ses reliques. Une autre explication est tirée d'un épisode de sa vie : l'évêque de Saragosse ayant constaté une consommation excessive de vin dans son diocèse, il aurait chargé son diacre Vincent de mener une enquête. Une dernière légende : saint Vincent s'arrête en chemin pour dialoguer avec des vignerons, tandis que son âne se met à brouter un pied de vigne. On s'aperçoit ensuite que celui-ci était plus productif que les autres. Ainsi serait née la taille de la vigne.

Un grand cru en blanc : le Corton-Charlemagne

Le Corton-Charlemagne est un grand cru blanc au milieu de vignobles où tout est cultivé en rouge. Une légende raconte que l'empereur, à la fin de sa vie, avait la main qui tremblait et qu'il tachait sa belle barbe blanche avec du vin rouge. Pour parer à cet inconvénient, il fit remplacer les cépages des vignes de Corton afin de produire du blanc.

La saint Vincent est célébrée le 22 janvier, à une époque où la vigne au repos ne demande pas de soins particuliers. Dans les villages de vignerons, une statue du saint est conduite en procession chez un des membres de la confrérie, qui en aura la garde toute une année. De plus, une « Saint-Vincent tournante » a été instaurée en 1938. À tour de rôle, un village viticole orne toutes les rues, des caveaux sont ouverts et l'achat d'un verre gravé permet de déguster le vin d'une cuvée spéciale.

Saint Vincent tenant la palme du martyre à la main.

LES CORPORATIONS

Les statuts des différentes corporations sont rédigés à la demande de la profession et enregistrés par la chambre de ville.

La motivation, parfois explicite, répond toujours au même souci : mettre fin aux abus en matière de concurrence déloyale et bien délimiter la compétence de chaque corps de métier. Les vinaigriers-moutardiers de Beaune y ajoutent un souci de santé publique, ils font valoir que la vente de vinaigre, eau de vie ou moutarde par des étrangers « pourrait à l'avenir apporter de grands désordres et beaucoup préjudicier à la santé de ceux auxquels ils pourraient être vendus et débités ».

La vente du vinaigre était réglementée.

À Dijon, les pâtissiers se plaignaient de la concurrence déloyale que leur faisaient cuisiniers et rôtisseurs. La chambre de ville interdit aux hôteliers de vendre dans leurs établissements gibier, volaille ou autre viande, ou de le porter en ville, sous peine de confiscation et d'une amende. En même temps, il est fait défense aux cuisiniers de tenir logis.

Les statuts fixent les conditions d'accession à la maîtrise, en général après deux ans d'apprentissage et la confection d'un « chef-d'œuvre » minutieusement décrit. Interdiction est faite à un maître de faire travailler un apprenti qui a un contrat avec un concurrent. Les fils de maître sont dispensés d'apprentissage. Les veuves peuvent poursuivre l'activité de leur mari jusqu'à un éventuel remariage. Plusieurs articles des statuts insistent sur de bonnes pratiques. L'article 26 des vinaigriers-moutardiers stipule que « les maîtres, compagnons et apprentis qui feront la moutarde et la porteront vendre et débiter par la ville sont sains de corps, leurs habits nets, sous peine d'amende. De véritables contrôles de qualité peuvent être effectués par des jurés de la profession en présence d'un échevin ».

Les liens entre métiers et religion sont étroits. Presque tous les statuts prévoient que les maîtres doivent être de religion catholique, apostolique et romaine.

Allégorie du métier de pâtissier.

Les métiers sont organisés en confréries, qui ont leur saint patron : saint Honoré pour les boulangers, Antoine pour les charcutiers, Éloi pour les orfèvres et serruriers, Joseph pour les charpentiers, Vincent pour les vignerons. Une messe solennelle a lieu le jour de la fête de celui-ci et chacun est tenu d'y assister. La présence est également obligatoire lors des obsèques d'un maître ou de sa femme. Certaines confréries ont pour siège une chapelle dans une église de la ville. À Semur en Auxois, les vitraux qui ornent ces chapelles représentent les métiers.

LES COURTIERS GOURMETS DE BEAUNE

Le contrôle du négoce du vin est assuré à Beaune par une institution particulière : les « courtiers gourmets ».

Depuis le XIVe siècle, ces experts sont les intermédiaires obligatoires entre les vignerons et les marchands étrangers à Beaune. C'est la chambre de ville qui les nomme, surveille leur activité et éventuellement les révoque. Leurs tâches et devoirs sont strictement définis par des statuts.

Un marchand de vin.

La première trace écrite de nomination date du 15 septembre 1525, l'échevinat enregistre que cinq personnes « ont prêté serment de bien et loyalement exercer l'office de courtier, de conduire les marchands par les celliers de cette ville, sans qu'ils souffrent acheter ou enlever vins s'ils ne sont bons, loyaux et marchands, aussi que, par haine de personne, ils ne ravaleront aucun vin ou cesseront d'y mener lesdits marchands. Et, ce fait, a été délibéré que l'on fera crier à son de trompe que personne ne parle avec les marchands sinon les gourmets, à peine d'amende arbitraire, avant que le marchand ait fait ses achats ». Des statuts datés de 1607 précisent :

« Article 3 : Il est interdit de se porter candidat à cette charge.

Article 7 : Il est interdit aux courtiers d'aller au devant des marchands étrangers, par exemple dans les hostelleries. Ils doivent attendre chez eux qu'on fasse appel à leurs services.

Article 8 : Les courtiers gourmets donneront la préférence aux vignerons qui vendent leur propre cru.

Article 31 : Personne d'autre que les courtiers ne peut servir d'intermédiaire pour vendre le vin de Beaune ».

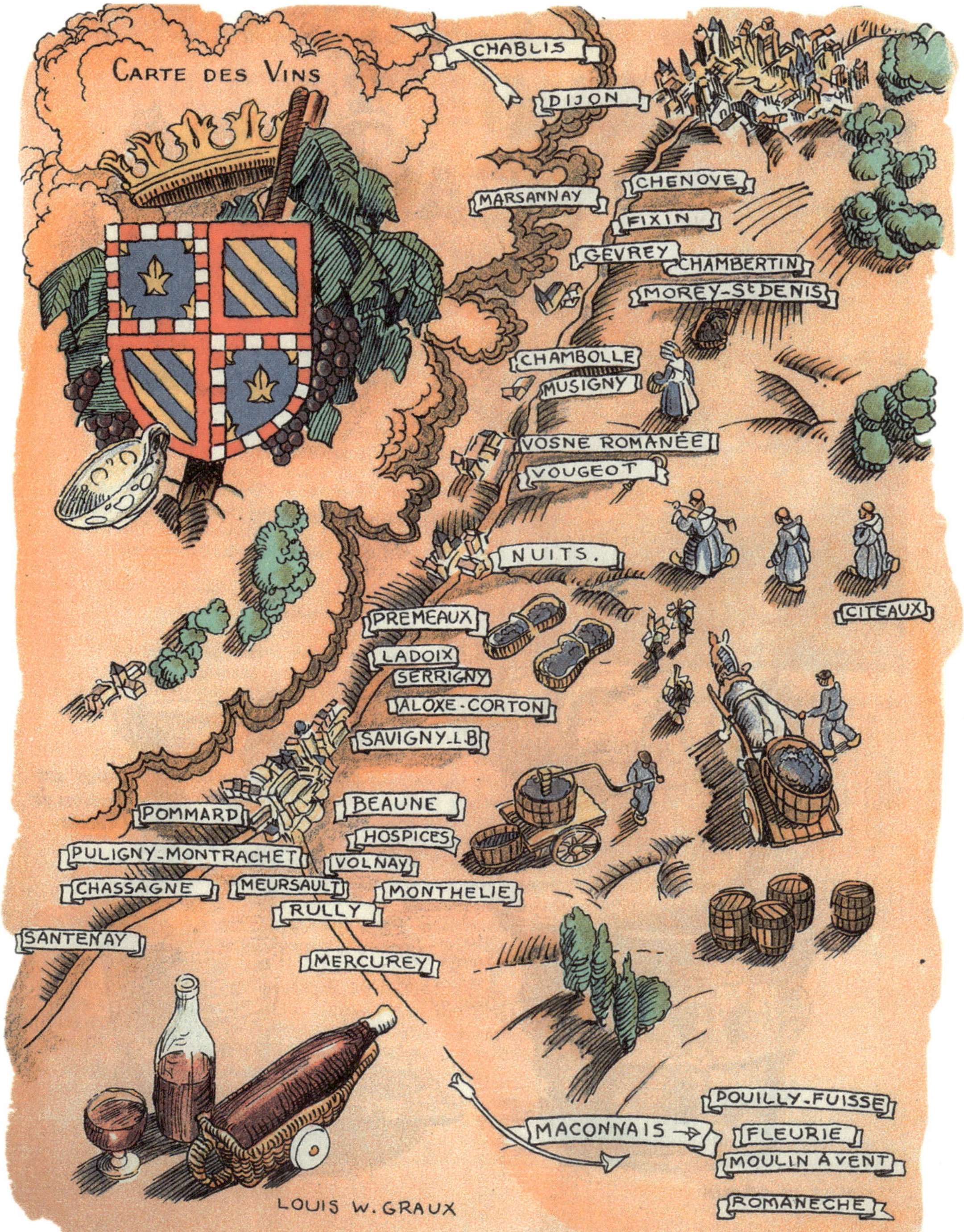

La Bourgogne est réputée pour ses nombreux vins.

LA VENTE DES VINS DES HOSPICES DE BEAUNE

À la fin de l'année 1849, les Hospices de Beaune sont au bord de la faillite, trois années de récolte se sont entassées dans les celliers.

La Commission des Hospices décide alors de procéder à la vente directe. Elle décide que « monsieur Joseph Pétasse, économe des hospices civils de Beaune, demeure autorisé à se transporter, partout où besoin sera, dans l'intérieur de la France, même en Belgique, dans les provinces rhénanes, pour y vendre directement en bouteilles les vins fins des années 1847, 1848 et 1849, jusqu'à concurrence des quantités qui existent dans les celliers des hospices » (Archives des Hospices, délibération du 9 décembre 1849).

L'intendant entreprend un périple qui le mènera dans le nord de la France et en Belgique, il entretient une correspondance avec des clients de Roubaix, Lille, Arras, Valenciennes, Béthune, Beauvais, Courtrai, Bruxelles, Namur, Charleroi. Les curés des villes et villages traversés sont ses clients privilégiés. Arrivé à Lille, il se procure les adresses de tous les ecclésiastiques des départements du Nord et du Pas-de-Calais, et leur envoie une circulaire offrant les vins des Hospices. Ceux-ci s'avèrent les meilleurs agents publicitaires, contribuant au succès de l'économe dans son entreprise. Le plus grand soin est apporté à l'emballage et aux expéditions par fer ou par voie d'eau.

HOSPICES CIVILS DE BEAUNE

(Côte-d'Or)

VENTE DES VINS FINS

de la Récolte de 1907

ET DE

L'EAU-DE-VIE DE MARC DES HOSPICES DE BEAUNE

de l'Année 1906

10 NOVEMBRE 1907

NOTE DE L'ADMINISTRATION

La désignation des Cuvées des Hospices comprend, en regard de chaque cru, les noms desfondateurs, donateurs et bienfaiteurs des Etablissements.

La Commission administrative a eu la satisfaction de pouvoir réaliser le projet qu'elle avait formé depuis longtemps, et que diverses circonstances ne lui avaient pas permis de mettre à exécution plus tôt.

Désireuse de faire une équitable et judicieuse attribution des ayants droit, la Commission a fait appel à la collaboration d'hommes compétents, s'intéressant aux choses de notre histoire locale. Dans ce travail, qui impliquait les premières places aux fondateurs, puis à ceux ayant des droits primordiaux, il importait de faire une attribution exacte des noms des donateurs, propres à chacun des établissements qu'ils avaient voulu favoriser ; puis, enfin, d'assurer une place marquée à ceux dont les dons au profit des malheureux avaient été les plus importants.

Dans l'étude et l'application de ce programme, la Commission administrative a eu le regret de ne pouvoir étendre d'une façon plus large encore et de profiter de cette occasion pour perpétuer les noms d'autres bienfaiteurs, ayant des droits incontestables, mais le nombre limité des cuvées n'a pas permis de le faire. L'Administration compte suppléer à cette insuffisance, en réalisant prochainement un autre projet dont le but est de disposer dans l'établissement, un tableau portant les noms de tous les bienfaiteurs sans exception, afin de rendre hommage à leur souvenir et la reconnaissance qui leur est due.

Voir à la 4e page la notice historique sur les Cuvées des Hospices.

Affiche annonçant la vente des vins de Beaune en 1907.

Le 15 mars 1850, le commis voyageur peut annoncer à l'ordonnateur de la commission : « Maintenant, Monsieur, ma tâche est à peu près terminée, le succès a répondu à mes efforts et les placements sont tous bons. Dans un mois ou deux, tout sera placé j'en ai l'assurance d'après l'état d'entrain dans lequel sont tous les clients. » En moins de cinq mois, l'économe a vendu 855 pièces de vin, il en reste 80 en cave, qu'il espère écouler dans les plus brefs délais.

Ce succès attirera à Joseph Pétasse de nombreux ennuis avec les négociants beaunois, il sera poussé à la démission en 1851 ; la première vente aux enchères – enchères ascendantes par cuvées séparées – aura lieu en 1859.

UNE AVENTURE THÉÂTRALE EN BOURGOGNE : JACQUES COPEAU ET LES « COPIAUS »

En octobre 1924, Jacques Copeau et sa jeune troupe du Vieux Colombier quittent Paris pour la Bourgogne, où ils s'installent bientôt à Pernand-Vergelesses. Le metteur en scène souhaite trouver en province « un public moins frivole, moins distrait, moins surmené de plaisirs, moins énervé par les variations constantes de la mode, moins détraqué dans son goût et moins affolé dans son jugement que le public de Paris ». (adresse au public à Dijon le 8 décembre 1925)

Copeau a choisi la Bourgogne parce qu'elle est riche d'un grand passé historique et artistique, de la qualité de son sol, de la nature des mœurs qui maintiennent vivants le goût et la sociabilité, base des réjouissances théâtrales. Après des débuts chaotiques au château de Merceuil en Saône-et-Loire, la troupe s'installe à Pernand-Vergelesses près de Beaune, où les comédiens vivent en symbiose avec la population, participent aux travaux viticoles et se mêlent au public après les représentations. « La nuit venue, les compagnons quittaient la salle, avec leurs habits clairs, la fleur au chapeau, se mêlant au peuple dans les rues, reconnus, interpelés, fêtés, hébergés. » (Jacques Copeau , *Histoire de cinq ans*) Dans leurs spectacles, ils intègrent du patois local, utilisent le vocabulaire de la viticulture, reproduisent les gestes des vignerons. Dans les introductions au spectacle, ils exaltent leur esprit fier et hardi, la qualité de leur travail et leur persévérance à travers les crises. Michel Saint-Denis crée le personnage

Portrait de Jacques Copeau par Paul Albert Laurens (Musée des Beaux-Arts de Dijon).

de Jean Bourguignon, qui se présente en ces termes : « Sous le soleil qui s'enfonce droit dans la terre/ Je me fais l'effet, malgré la peine,/ Malgré la peau cuite et la gorge pelée,/ D'un roi toujours en lutte, toujours en guerre. » En même temps, cet effort d'adaptation au public rencontre le souci des négociants bourguignons de faire la promotion de leurs vins.

« Le théâtre national et populaire moderne dont nous voudrions jeter les premières bases sera pour commencer un théâtre régional, d'inspiration bourguignonne. C'est dans ce vieux terroir, vivant et plein d'histoires, que nous puiserons une sève rajeunie. » (Jacques Copeau, L'œuvre du Vieux Colombier)

DIJON, CAPITALE GASTRONOMIQUE

« J'aime tout ce qui est bon, la bonne chère, le bon vin, les belles joies charnues, et celles à la peau plus tendre, douce et duvetée, que l'on goûte en rêvant, le divin ne-rien-faire où l'on fait tant de choses ! »
(Romain Rolland, Colas Breugnon)

La foire gastronomique de Dijon a été créée en 1921 à l'initiative de maître Gaston-Gérard, maire de la ville de 1919 à 1936. C'est une époque où la défense de l'identité régionale fait recette, et le maire bénéficie du soutien des principaux industriels, dont Lucien Richard, patron des biscuiteries Pernot, et de professionnels de la restauration comme Henri Racouchot. La première édition de la foire est un succès, elle attire 80 000 visiteurs, il faut dire qu'elle a fait l'objet d'une vaste campagne publicitaire : affichages, sorties en autocar dans le vignoble, fête foraine, bal public sur la place d'armes, concerts au théâtre.

Gaston Gérard se félicite : « Ils viendront, contrits et repentants, ceux qui n'ont pas encore savouré le poulet sauté au volnay, la truite de la Tille à la chambrette, le pâté chaud de bécasses au foie gras, le suprême de brochet à la dijonnaise, le râble de lièvre à la Piron, les escargots de Bourgogne, les cassolettes de grives à la Jean-sans-Peur, le jambon persillé de la Tante Jeanne, les andouillettes d'Arnay-le-Duc, le civet de lièvre au pommard, la potée, la pochouse, les mousserons à la crème, les flans et le reste… » (*Le miroir du coin et du temps*)

Le 16 novembre 2010, le repas gastronomique des Français est inscrit sur la liste représentative du patrimoine culturel immatériel de l'humanité par l'UNESCO. À la suite de cette inscription est créé le réseau français des cités de la gastronomie, lancé officiellement en 2013. Il regroupe quatre villes : Paris-Rungis, Tours, Lyon et Dijon. Ce repas doit obéir à des règles bien précises : recherche de bons produits locaux, référence à un corpus de recettes bien codifiées, savoir-faire culinaire, soin dans la présentation de la table, mariage des mets et des vins.

Sur cette affiche de 1939, sont présentées les spécialités dijonnaises et bourguignonnes : crème de cassis, moutarde de Dijon, pain d'épices, vins de Bourgogne, escargots, truffes...

L'heure du déjeuner à l'Hospice de Beaune, huile sur toile par Joseph Bail (collection privée).

RITES ET CULTES

CHAPITRE DEUX

Cultes païens en Bourgogne – Les Gaulois adoptent les divinités romaines – Le temple d'Apollon à Alésia – Les cultes de Cybèle à Autun et de Mithra à Nuits-Saint-Georges – Saint Bénigne, « évangélisateur de la Bourgogne » – Saint Martin en mission en pays éduen – Les dévotions particulières – Le martyre de sainte Reine à Alise – Les reliques de Marie-Madeleine à Vézelay – Notre-Dame du Bon Espoir à Dijon – Quand l'abbé de Cluny faisait des miracles – Les débuts de Cîteaux – Les visions de saint Bernard à Fontaine-lès-Dijon et à Châtillon-sur-Seine – Le culte du Sacré Cœur à Paray-le-Monial – La Petite Église et les Blancs en Charollais – Taizé, l'esprit de réconciliation – Le temple bouddhiste de La Boulaye

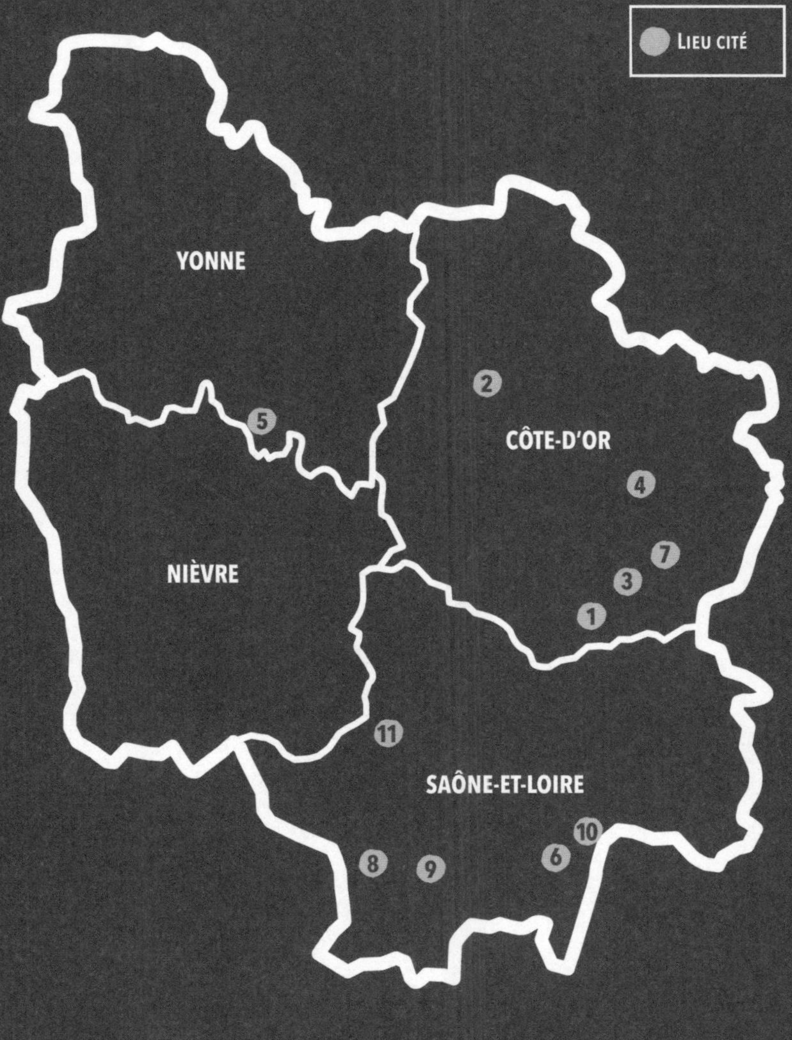

1 Beaune
2 Alise-Sainte-Reine
3 Nuits-Saint-Georges
4 Dijon
5 Vézelay
6 Cluny
7 Saint-Nicolas-lès-Cîteaux
8 Paray-le-Monial
9 Charolles
10 Taizé
11 La Boulaye

La Bourgogne est terre de spiritualité, qui se développe autour de reliques, de monastères ou de sanctuaires.

Un prêtre de la Gaule romaine.

Terre celtique, la Bourgogne recèle de nombreux témoignages de cultes païens, qui ont fait l'objet de fouilles à Alésia, Bibracte ou aux sources de la Seine. Tous les dieux de la Gaule antique s'y retrouvent, de Belenos à Epona en passant par les déesses mères. L'occupation romaine n'a pas fait disparaître ces rites, mais les Gaulois se sont progressivement appropriés les divinités des vainqueurs, ils se sont mis à adorer Mercure, Apollon, Jupiter ou Mars qui leur rappelaient leurs propres dieux. Parallèlement, des cultes venus d'Orient, comme celui de Cybèle ou de Mithra, continuent de se développer jusqu'à la chute de l'empire romain et à l'avènement du christianisme.

La naissance du christianisme en Bourgogne est le thème d'un cycle de légendes, qui mettent en scène saint Bénigne, saint Andoche ou saint Thyrse. La province a son lot de martyres, qui ont donné naissance à de grands sanctuaires, comme celui de saint Bénigne à Dijon ou de saint Valérien à Tournus.

Alise-Sainte-Reine au XVIIᵉ siècle.

Des reliques célèbres sont arrivées dans la région, suscitant des flots de pèlerins : saint Lazare à Autun, Marie-Madeleine à Vézelay, saint Philibert à Tournus.

La région de Cluny attire les sanctuaires. Dans un triangle sacré, on trouve la communauté de Taizé, témoignage de réconciliation entre les peuples et les religions, le temple tibétain des Mille Bouddhas à Toulon-sur-Arroux, et le monastère orthodoxe magnifiquement décoré de Saint-Hilaire-Saint-Jean-Damascène à Uchon, créé à l'initiative d'un peintre d'icônes.

La Bourgogne a vu naître deux abbayes qui ont fondé des ordres destinés à essaimer dans l'Occident chrétien : Cluny et Cîteaux. Elle a vu la naissance de la fête des morts, créée à Cluny et étendue à toute la chrétienté, et le culte du Sacré Cœur, qui a pris sa source à Paray-le-Monial, après les apparitions du Christ à Marguerite-Marie Alacoque.

Bernon, premier abbé de *Cluny*.

CULTES PAÏENS EN BOURGOGNE

Quand les Gaulois adoraient leurs propres divinités, en liaison avec les éléments naturels ou aux grands événements de leur vie.

Le culte des divinités gauloises se déroulait dans un temple appelé fanum. Une cellule dénommée *cella* abritait la statue du dieu ou de la déesse, elle était entourée d'une galerie ouverte où circulaient les pèlerins. Ceux-ci apportaient des offrandes sous forme de monnaie, de statuettes, des fruits, des grappes de raisin, des fleurs, des épis ou même des oiseaux. Des sanctuaires de ce type ont été fouillés à Vertault, dans le Châtillonnais, au Tremblois, sur la commune de Villiers-le-Duc, à Alésia, aux sources de la Seine. On retrouve en Bourgogne tout le panthéon gaulois. En pays éduen comme dans toute la Gaule, les mères sont des divinités nourricières protectrices de la famille. Elles sont représentées par groupes de deux ou trois (au musée Rolin à Autun par exemple), assises sur un fauteuil d'osier, elles portent des symboles de fécondité et de fertilité : des nourrissons emmaillotés, des cornes d'abondance, des patères, des corbeilles de fruits ou des produits des champs.

Le symbole antique d'Épona, déesse celtique des chevaux.

Sur les bords de la Saône, en Bresse bourguignonne, on trouve de nombreuses représentations du dieu Sucellus. Il tient un maillet dans la main gauche, est habillé à la gauloise et porte une longue barbe, il est révéré par les tonneliers, les bûcherons et les carriers. Une autre divinité purement gauloise est Cernunnos, représenté avec des ramures de cerf sur la tête et un torque au cou. C'est le dieu de la virilité, il apporte la prospérité, il est protecteur de la forêt et gardien des portes de l'autre monde. Les Gaulois étaient selon César d'excellents

Divinités romaines.

cavaliers et ils avaient développé un culte du cheval incarné par la déesse Épona. Son nom vient d'une racine celtique signifiant cheval (en grec *hippo*). C'était la déesse de la prospérité, comme le montrent ses attributs : la corne d'abondance, la patère et les fruits. Elle était vénérée par tous ceux qui avaient affaire au cheval : cavaliers, palefreniers et routiers. Au musée des Beaux-Arts de Beaune, un ex-voto à la déesse représente une jument allaitant son poulain. À Vitteaux ont été mises au jour des statuettes d'Épona. Sur l'une d'elles, elle pose les pieds sur le dos d'un poulain qui lève la tête vers un vase plein de fruits qu'elle tient à la main.

LES GAULOIS ADOPTENT LES DIVINITÉS ROMAINES

Tributaires des éléments naturels, Gaulois et Romains adoraient les mêmes dieux tutélaires, les cultes finissent par se ressembler.

Offrandes aux dieux pénates.

Dans *La Guerre des Gaules*, César interprète la religion des autochtones en ces termes : « En tête des dieux, ils honorent Mercure, le chef des routes et des voyages. Puis Apollon, Mars, Jupiter et Minerve. Apollon chasse les maladies, Jupiter règne sur les cieux, Mars préside aux guerres. » Peu à peu, en effet, les divinités gauloises sont assimilées à celles qu'adoraient les Romains. Chez deux peuples très dépendants de l'agriculture, les forces de la nature telles que l'eau, le tonnerre, la terre nourricière sont divinisées. Le pilier de Mavilly exposé au Musée archéologique de Dijon présente le plus bel exemple de syncrétisme, avec des figures d'allure romaine portant des attributs gaulois : Jupiter-Taranis porte un torque et pose le pied sur un poisson, Vulcain-Sucellus vêtu d'un manteau présente une pince, Hercule-Smertulus brandit une massue et porte une peau de loup, Apollon-Belenos apparaît comme un guérisseur soignant Ésus souffrant d'une maladie des yeux, il est accompagné d'un chien et d'un corbeau.

Bacchus, dieu de la vigne et du vin, incontournable en Bourgogne.

Taranis, dieu du ciel, est assimilé à Jupiter, Tutatis, dieu de la paix et de la guerre, devient Mercure ou Mars, Belenos est assimilé à Apollon, il est représenté à Beaune aux côtés de Diane. Il aurait été surprenant dans un pays de vignoble de ne pas trouver trace du culte de Bacchus. Au musée du vin de Beaune est conservé le fragment d'un mausolée qui représente le dieu soufflant dans une flûte, encadré de deux bacchantes qui esquissent un pas de danse. Le spécialiste de l'époque gallo-romaine Émile Thévenot précise que ce genre de scène est courant dans l'est de la Gaule ainsi qu'en pays rhénan. L'ivresse bachique serait un moyen pour l'homme d'entrevoir les futurs délices de l'éternité.

Une tapisserie de Lurçat à la gloire du vin

Le musée du Vin de Beaune expose une tapisserie commandée à Jean Lurçat en 1948 et dont l'idée maîtresse est que le vin est source de vie. On y voit les rayons du soleil qui traversent des bouteilles et ramènent à la vie un squelette couvert de verdure. Involontairement, l'artiste a retrouvé une divinité solaire qui est à l'origine du nom de la cité : Belenos, ensuite assimilé à Apollon.

LE TEMPLE D'APOLLON À ALÉSIA

Depuis Napoléon III, le site de la ville d'Alésia, oppidum occupé par des Mandubiens, a fait l'objet de nombreuses fouilles.

Le quartier de la Croix-Saint-Charles, à l'extrémité du mont Auxois, a été particulièrement étudié par les archéologues, qui y ont décelé la présence d'un lieu de culte consacré à Apollon, dont l'appellation locale est Moritasgus, comme l'atteste une inscription retrouvée sur un ex-voto orné de deux dauphins : « DEO APOLLINI MORITASGO ».

En 1909 et 1910, Émile Espérandieu conduit une première campagne de fouilles. Il met à jour un temple, des thermes, divers bassins et des bâtiments annexes. En 2008, Olivier de Cazanove, professeur d'archéologie romaine à l'université de Paris, a repris les fouilles et permis d'approfondir nos connaissances sur le quartier.

La première occupation du site est antérieure à la conquête romaine, au deuxième siècle avant Jésus-Christ. L'oppidum est très peuplé au début du Ier siècle après Jésus-Christ, date à laquelle sortent de terre des monuments : un temple octogonal centré ou fanum, avec une galerie périphérique de vingt mètres environ, des thermes et à l'ouest une palestre, cour bordée de portiques, au centre de laquelle se trouvent trois piscines : froide (frigidarium), tiède (tepidarium) et chaude (caldarium). Les pèlerins y étaient immergés totalement ou partiellement.

L'eau provenait de deux canalisations, dont une traverse le fanum. On a retrouvé sur place des restes de banquets rituels On y consommait du vin d'Italie, de la viande de bœuf et de porc.

La fonction cultuelle du site est confirmée par la présence, comme aux sources de la Seine, de nombreux ex-voto. Tout au long du XXe siècle, on en a retrouvé plus de 300 en bronze, fixés contre le mur du portique. Ils représentent en majorité des yeux, mais aussi des bassins féminins ou masculins, des seins, des doigts. D'autres ex-voto en calcaire figurent des jambes, des bras, une paire de seins, un enfant emmailloté.

(Source principale : *Archéologie de Bourgogne*, n° 27, 2012, DRAC de Bourgogne)

Apollon sur le char du Soleil.

LES CULTES DE CYBÈLE À AUTUN ET DE MITHRA À NUITS-SAINT-GEORGES

Les Romains superstitieux tolèrent les cultes venus d'ailleurs, en particulier d'Orient, on a même retrouvé des statues d'Isis à Autun.

À la fin du IIe siècle, les rites païens se heurtent au christianisme, comme l'illustre la légende de saint Symphorien. Le culte de Cybèle qui s'était répandu dans l'Empire romain était également célébré à Autun. Pour avoir une bonne récolte, on plaçait la statue de la déesse sur un char traîné par des bœufs, on la promenait autour des champs et des vignes. Les magistrats de la ville le suivaient pieds nus, le peuple se prosternait à son passage. Le jeune Symphorien, alors âgé de 18 ans, était issu d'une famille noble d'Autun, il s'était converti au christianisme et avait été baptisé par saint Bénigne. Vers 178, il refusa de se prosterner devant Cybèle au nom de sa foi. Arrêté et condamné, il fut fouetté et décapité sous les yeux de sa mère qui l'exhortait au courage devant la mort, prélude à une nouvelle vie. La scène a été peinte par Ingres en 1834, le tableau se trouve à la cathédrale d'Autun. Venu d'Iran, le culte de Mithra a gagné Rome puis s'est propagé vers la Gaule en passant le val d'Aoste et le col du grand Saint-Bernard, puis la vallée de la Saône. On a retrouvé un temple qui lui était dédié sur le site des Bolards près de Nuits-Saint- Georges. Trois marches conduisent vers une salle souterraine qui évoque la grotte liée au mythe. En effet, Mithra serait né d'un rocher et aurait d'une flèche fait jaillir une source avant de terrasser un taureau.

Mithra, un culte venu d'Orient.

Saint Symphorien va être torturé sous les yeux de sa mère.

La margelle d'un puits proche du temple fait partie du culte qui permettait à l'initié de passer par sept étapes avant d'arriver à Saturne dans l'au-delà. Près du temple, on a également mis au jour une statue d'adolescent coiffé d'un bonnet phrygien, portant un flambeau levé, symbole du soleil du matin, de la vie renaissante. Les objets trouvés sur le site des Bolards sont actuellement exposés au Musée archéologique de Dijon et au Musée municipal de Nuits-Saint-Georges.

SAINT BÉNIGNE, « ÉVANGÉLISATEUR DE LA BOURGOGNE »

Un cycle de légendes explique comment la Bourgogne est devenue chrétienne grâce à l'envoi de missionnaires venus d'Orient et victimes de persécutions.

L'histoire des débuts du christianisme en Bourgogne est l'objet d'une série de légendes rapportées par un clerc du VIe siècle. Il raconte comment des saints venus d'Orient sont envoyés en Gaule pour évangéliser le pays. Saint Bénigne était originaire de Smyrne (aujourd'hui Izmir en Turquie), il fut envoyé en mission par saint Polycarpe, lui-même disciple de saint Jean. Il débarque à Marseille puis rejoint Autun en passant par Lyon. Il y est accueilli par un des premiers chrétiens, le préfet Faustin, et son épouse Augusta.

« Saint Bénigne invoque le vrai dieu devant l'autel où l'on veut de force lui mettre dans la bouche des viandes offertes aux idoles. »

Il baptise leur fils Symphorien, qui sera martyrisé pour avoir refusé de participer à un culte de Cybèle (voir page 168). Il se rend ensuite à Langres où il est accueilli chez Léonille, sœur de Fauste. Il gagne ensuite Dijon, où pendant vingt ans, il prêche l'Évangile. Il y fonde un oratoire dédié à saint Étienne, qui deviendra la plus ancienne église de la cité. Il bénéficie de l'aide de la vierge Paschasie, qui met à disposition sa demeure et ses biens. En visite à Dijon, l'empereur Marc Aurèle passe en revue les troupes de légionnaires qui y sont stationnées. Il admire les temples dédiés aux divinités romaines et recommande de ne souffrir aucun chrétien dans les murs de la ville. Le préfet Terentius lui parle alors d'un étranger venu prêcher un autre dieu et qui promet la vie éternelle. Saint Bénigne averti se cache à Prenois, puis à Épagny, sur la route de Langres. Il est arrêté à proximité d'une source. Enfermé à Dijon, il est torturé devant l'empereur. Refusant d'abjurer sa foi, il est condamné à mort, sa tête est fracassée par une barre de fer et son corps est transpercé de deux glaives. Son martyre eut lieu le 1er novembre 178. Léonille accourut de Langres et recueillit la dépouille du saint, qu'elle

L'église Saint-Bénigne à Dijon.

enterra en un lieu désert proche de la crypte de Saint- Jean. Le tombeau est à l'origine de l'abbaye Saint-Bénigne, une rotonde a été construite à partir de l'an 1000 par Guillaume de Volpiano, la partie basse est aujourd'hui appelée la crypte, on y trouve les plus anciens chapiteaux historiés de la province.

SAINT MARTIN EN MISSION EN PAYS ÉDUEN

Comment le saint a mis à bas les témoins du paganisme et converti les foules au christianisme en accomplissant des miracles.

Par une chaude journée d'automne, saint Martin escalade à cheval la côte de Mavilly, village qui surplombe le val de Nantoux. À la croisée de deux chemins, il rencontre un homme dont les habits sont en lambeaux. Il lui offre une aumône, mais celui-ci lui dit de garder son or, car il est bien plus riche que lui. Il propose ensuite de le guider vers Mavilly. Avisant en chemin un groupe de vendangeurs, Martin les salue : « Que le Seigneur soit avec vous ! » Aussitôt son guide prend la parole et les ameute contre le saint, qu'il accuse de venir détruire les temples des dieux. Il suggère aux paysans de le conduire au bord de la montagne et de le précipiter dans le torrent. Acculé, Martin appelle Dieu à l'aide, il se signe, fouette sa monture, d'un bond il franchit la vallée et retombe sur un pic opposé. Sur la roche d'où il s'est élancé, on peut voir des traces de fouet et l'empreinte du sabot du cheval. Le faux mendiant se jette dans le torrent dont l'eau bouillonne et dégage une odeur de soufre. Les vendangeurs témoins de ce bond prodigieux ne doutent plus du caractère divin de Martin et se convertissent. Continuant sa mission, Martin va évangéliser le val de Vauchignon.

Un soir, il arrive à Nolay, où la seule chaumière éclairée est celle d'une veuve, qu'il trouve éplorée. On vient d'enlever sa fille unique pour la sacrifier au dieu Teutatès. Celui-ci a réclamé vengeance lorsqu'il a appris qu'un missionnaire chrétien détruisait

Dictons de la Saint-Martin (le 11 novembre)

« À la Saint-Martin, Bouche ton tonneau, tâte ton vin. »

« À la Saint-Martin, L'hiver est en chemin, Manchons aux bras et gants aux mains.

les idoles et les temples de la région. La jeune fille enlevée a été désignée par les Druides parce qu'elle était chrétienne. La veuve conduit Martin sur les lieux du sacrifice, une clairière entourant un chêne creux autour duquel la foule danse. Le sacrificateur lève sa hache, lorsque le saint lui interdit de toucher à une créature de Dieu. Il détache la jeune fille et la rend à sa mère.

Saint Martin donnant la moitié de son manteau à un pauvre.

LES DÉVOTIONS PARTICULIÈRES

La Bourgogne fut à plusieurs époques terre d'asile, on fuyait les Sarrazins, les Normands ou les Hongrois, emportant de saintes reliques.

Saint Valérien, chrétien de Lyon peut-être originaire d'Orient, prêchait dans le Tournugeois tandis que son compagnon Marcel évangélisait le Châlonnais. Son martyre est daté du 14 septembre 177, sous Marc Aurèle, au moment où les persécutions des Chrétiens sont particulièrement virulentes. Le lieu du martyre devient un sanctuaire, autour duquel se développera une abbaye.

Saint Claude.

Saint Philibert, né en 616, fondateur de l'abbaye de Jumièges, serait resté un saint normand si ses reliques n'avaient pas été transférées à Tournus à la fin du Xe siècle par les moines de Noirmoutier fuyant les invasions normandes.

Les évêques d'Autun, de Chalon et de Mâcon, ainsi que l'archevêque de Besançon, décrétèrent que chaque père de famille devrait faire, une fois l'an, vénérer les reliques de saint Philibert de Tournus. Le vaste narthex et le déambulatoire de ce sanctuaire témoignent de l'importance du pèlerinage qui se perpétua jusqu'au XVIIIe siècle. Saint Claude, bien qu'originaire du Jura, est populaire en pays mâconnais, en particulier à Ozenay, Préty ou Mancey, où l'on racontait volontiers la légende suivante. Le saint était un faucheur qui avait été embauché par un riche propriétaire terrien. Il lui demanda de travailler un dimanche, mais saint Claude refusa et préféra aller à l'église. Il promit cependant que le fauchage serait achevé le lundi matin. À partir de minuit, il se mit à couper l'herbe avec une force décuplée par une intervention divine. Sa faux coupait tout ce qui se trouvait sur son passage, et même les chênes et les saules sur toute la vallée de la Saône jusqu'à Saint-Oyen. C'est pourquoi toute la plaine alentour est aujourd'hui dénudée.

L'abbaye Saint-Philibert de Tournus.

Saints dictons

« Beau Saint-Valérien Amène abondance de bien. »
« À la Saint-Claude regarde ton seau Tu ne le verras pas plus haut. »
(Saint Claude est fêté le 15 février, à une époque où les vaches donnent le plus de lait.)

LE MARTYRE DE SAINTE REINE À ALISE

Une jeune fille persécutée par un certain Olibrius est martyrisée, elle reçoit l'aide d'une colombe et donne naissance à une source miraculeuse.

Sainte Reine serait venue au monde en 238 dans la région d'Autun. Sa mère est morte en couches, et son père, riche propriétaire, la confie à une nourrice à Alise. Celle-ci la convertit au christianisme, ce qui provoque la colère de son père. Il chasse sa fille de sa demeure, et elle devient bergère. Elle a le teint clair, des yeux couleur de miel et des tresses de cheveux châtains qui lui tombent sur les épaules. Alors qu'elle garde ses moutons, le gouverneur romain Olibrius passe

Le culte de sainte Reine fut l'objet d'un pèlerinage très important.

La colombe vient sauver sainte Reine qui échappe à toutes les persécutions d'Olibrius.

ses troupes en revue dans la région, il aperçoit la jolie bergère et en tombe aussitôt amoureux. Il demande sa main à son père, mais Reine refuse d'abjurer sa foi malgré les menaces d'Olibrius. Il la fait enchaîner et mettre au cachot, elle est fouettée et torturée, mais le lendemain, toutes ses plaies sont miraculeusement cicatrisées. Une colombe est venue la consoler dans son cachot. Furieux de sa résistance, Olibrius la fait lier à une croix, puis elle est brûlée et plongée dans une cuve d'eau boueuse froide. Mais elle en ressort indemne, une colombe apparaît au-dessus de sa tête, portant en son bec une couronne de gloire. Pour en finir, Olibrius la fait décapiter. À l'endroit où eut lieu son martyre jaillit une source miraculeuse qui devint un lieu de pèlerinage dès la fin du IVe siècle. L'eau de la source était réputée guérir les maladies de peau, les ulcères, les chancres, la syphilis et les calculs biliaires. Mise en bouteille, elle était devenue objet de commerce. Courtépée toutefois met en garde dans sa description générale et particulière du duché de Bourgogne : « Il est bon d'avertir le public qu'on en distribue à Paris plus de 40 000 bouteilles, tandis que les Cordeliers possesseurs de la fontaine n'en envoient à Paris que 2 000. » Aujourd'hui chaque année au mois d'août, le village d'Alise organise le « Mystère de Sainte-Reine », avec une retraite aux flambeaux, un défilé en costumes d'époque et la représentation d'une pièce écrite en 1877 par un moine de Flavigny.

LES RELIQUES DE MARIE-MADELEINE À VÉZELAY

« Au centre d'un cirque montueux [...], Vézelay vogue sans broncher, sans rouler ni tanguer. Immobile en apparence. »
(Jules Roy à propos de Vézelay)

Après le martyre de saint Étienne à Jérusalem, les persécutions contre les chrétiens reprirent de plus belle, et saint Maxime partit avec Marie-Madeleine se réfugier à Aix-en-Provence, dont il devint le premier évêque. La sainte pécheresse se retira dans la grotte de Sainte-Baume, où elle se consacra à la prière. À sa mort, son corps fut placé dans un sarcophage d'albâtre à l'église de Sainte-Maxime. À la fin du IXe siècle, la région fut envahie par les Sarrasins qui pillèrent le sanctuaire.

Marie-Madeleine fit pénitence pendant 33 ans.

La basilique Sainte-Marie-Madeleine de Vézelay.

Mais un moine de Vézelay nommé Badilon vint récupérer des reliques de la sainte pour les transporter dans son abbaye en Bourgogne. Dès lors, Vézelay devint un centre de pèlerinage, le témoin de la communauté qui avait côtoyé Jésus en Palestine. Au XIIe siècle, la basilique était le point de départ des pèlerins venus de France et d'Europe du Nord et partant vers Saint-Jacques de Compostelle. En 1146, elle était trop petite pour contenir la foule accourue pour écouter saint Bernard prêchant la deuxième Croisade. Mais à partir du XIIIe siècle, le flot des pèlerins se tarit, car l'authenticité des reliques de Vézelay est contestée, en particulier par les moines de Saint-Maximin qui déclaraient que le transfert en Bourgogne n'était que pure légende.

Dès l'arrivée des reliques sur la colline, des miracles se produisirent, des prisonniers étaient libérés grâce à l'intercession de Marie-Madeleine et apportaient leurs chaînes en guise d'ex-voto, elle délivrait du démon et guérissait les malades. Un aveugle de Chastellux qui se rendait à pied au village recouvra la vue après avoir supplié la sainte de lui permettre de voir les tours de son église.

Vézelay, terre d'écrivains

De nombreux écrivains ont choisi de finir leur vie à Vézelay, comme Romain Rolland, Jules Roy ou Max-Pol Fouchet, qui reposent au cimetière aux côtés de Georges Bataille ou Maurice Clavel. La maison de Jules Roy face à la basilique est devenue résidence d'écrivains sur l'initiative du département de l'Yonne, le bureau de l'écrivain est resté intact depuis son décès.

NOTRE-DAME DU BON ESPOIR À DIJON

Dijon a eu de la chance dans son histoire : elle n'a jamais été détruite et plus de quatre-vingt-dix hectares sont en secteur sauvegardé. Une Vierge noire veille sur elle depuis des temps immémoriaux…

Avant la construction de l'église actuelle, la chapelle appelée Notre-Dame du marché contenait la statue en bois d'une Vierge à l'Enfant, dite Vierge noire. Le visage sévère et la position de l'enfant dans le giron de sa mère évoquent les vierges romanes de style auvergnat datées des XIe et XIIe siècles. Les seins lourds et le ventre arrondi peuvent être interprétés comme des signes de fécondité. De nombreuses interprétations ont été avancées sur l'origine de ces Vierges noires : pour les uns, elles se rattachent aux religions égyptiennes et évoquent Ibis allaitant Horus, pour les autres, elles rappellent les déesses mères des religions celtiques, qui ont la même position assise et présentent des nourrissons. Une expertise pratiquée en 1945 a toutefois révélé que la statue était à l'origine polychrome : son visage était bistre et elle a été peinte en noir au XVIe siècle pour des raisons inconnues. À la Révolution française, l'enfant Jésus a été scié et la statue a été cachée par une paroissienne. On attribue à l'intercession de Notre-Dame du Bon Espoir plusieurs sauvetages : le sénéchal de France, Philippe Pot, l'a implorée lors de la bataille de Nicopolis et a été sauvé, le siège de Dijon par les Suisses en 1513 a été levé au lendemain d'une procession en son honneur, comme le montre une

Les vertus théologales et cardinales entourent Notre-Dame du Bon Espoir.

tapisserie contemporaine de l'événement exposée au musée des Beaux-Arts de Dijon, elle a protégé la ville pendant des d'épidémies de choléra, lors de la guerre de 1870 et a permis sa libération le 11 septembre 1944.

Même si, à la Révolution, elle a été amputée du Christ qui se trouvait sur ses genoux, elle fait toujours l'objet d'un culte auprès des Dijonnais qui viennent se recueillir dans une chapelle de Notre-Dame et consignent leurs vœux sur un registre. À l'intérieur de l'église, une tapisserie de 1950 que l'on doit à Dom Robert rappelle les libérations de la ville, qui ont eu lieu par pure coïncidence toutes les deux un 11 septembre.

L'église Notre-Dame de Dijon.

QUAND L'ABBÉ DE CLUNY FAISAIT DES MIRACLES

Sous la direction de quatre abbés à l'exceptionnelle longévité, Cluny n'a cessé d'étendre son influence, au point qu'un dicton disait à l'époque de Louis XIV : « Partout où le vent vente, l'abbé de Cluny a rente. »

Consécration du maître-autel de l'église abbatiale de Cluny par le pape Urbain II, le 25 octobre 1095.

Né à Semur-en-Brionnais et issu d'une noble lignée, Hugues de Semur est nommé abbé de Cluny en 1049 à 25 ans et il le demeurera jusqu'à sa mort en 1109. Déjà, sa naissance a été annoncée de manière miraculeuse : un prêtre a vu apparaître un petit enfant au fond d'un calice au moment de l'eucharistie. À l'église de Paray-le-Monial construite à son initiative, il a sauvé de la mort un novice dont la tête avait été fracassée par la chute d'une pièce d'assemblage tombée du sommet de la tour, alors qu'il priait avec ses frères dans le chœur. À Bourbon-Lancy en Saône-et-Loire, il a guéri de la fièvre quarte un moine en lui donnant à boire du vin d'un calice lavé avec des reliques de saints. À Sainte-Geneviève de Paris, il a fait lever un paralytique. La grande église de Cluny III a été édifiée par Hugues de Semur à partir de 1088 à la suite d'un rêve du vieux moine Gunzo qui a vu saint Pierre, saint Paul et saint Étienne en train de délimiter un nouveau sanctuaire, le priant de convaincre l'abbé de lancer un chantier. L'église était alors la plus grande de la chrétienté, on raconte même que des émissaires du pape sont venus mesurer la longueur du chœur pour comparer avec l'église Saint-Pierre de Rome.

Cluny au firmament de la chrétienté

L'abbaye de Cluny a été fondée par Guillaume d'Aquitaine en 910 sur une ancienne réserve de chasse. Sous la houlette des abbés Odon (927-942), Mayeul (954-994), Odilon (994-1049) et Hugues de Semur (1049-1109), elle a pris rapidement la tête d'un vaste mouvement de réforme des monastères européens, au nombre de 1 184 à la mort de ce dernier. L'église de Cluny III a été vendue comme bien national à un marchand de matériaux de construction à la Révolution, puis presque entièrement démantelée. Ne subsistent que la partie d'un transept avec son clocher dit de l'eau bénite ainsi que des chapiteaux abrités dans le farinier. Sur le site est actuellement installée l'École nationale supérieure des arts et métiers.

Vue de l'avant-nef de Cluny III.

Horaires des visites variables selon la saison, tél. : 03 85 59 15 93

LES DÉBUTS DE CÎTEAUX

« Tu trouveras quelque chose de plus dans les bois que dans les livres. Les arbres et les rochers t'enseigneront ce que tu ne peux apprendre d'aucun maître. »
(Saint Bernard de Clairvaux)

Saint Bernard, abbé de Cîteaux.

La Bourgogne est le berceau de deux grands ordres monastiques qui vont rayonner sur l'Europe : Cluny et Cîteaux. Le 21 mars 1098, Robert, abbé de Molesmes en Champagne, quitte son monastère avec vingt-et-un moines pour un lieu décrit dans le *Petit exorde* en ces termes : « À cause de l'écran formé à cette époque par les bois et les fourrés d'épines, il n'était pas fréquenté par les hommes et n'était habité que par les bêtes sauvages. » Robert et ses compagnons veulent retourner aux sources du monachisme et respecter strictement la règle de saint Benoît, qui stipule que le moine doit travailler de ses mains (« *ora et labora* ») et vivre dans la pauvreté. Aussitôt les nouveaux arrivants se mettent à défricher et édifient leur

monastère sur un terrain concédé par le duc Eudes Ier de Bourgogne. Les premières années sont si dures que beaucoup allaient abandonner lorsqu'arrive le jour de Pâques 1112 un homme providentiel. Le futur saint Bernard, alors âgé de 22 ans, frappe à la porte, avec trente compagnons. Très vite, l'abbaye reçoit des dons de forêts, de prés, cours d'eau et moulins, dont ils confient la gestion à des convers. Cîteaux étant situé dans un pays de marécages, il lui faut une vigne. Ce manque est comblé à partir du début du XIIe siècle par la donation de douze journaux de terre sur le finage de Gilly-lès-Cîteaux. Les moines y plantent leurs premiers ceps, c'est la naissance du futur Clos de Vougeot. Sous la houlette de saint Bernard devenu abbé de Clairvaux, l'ordre étend son influence d'abord sur la Bourgogne, créant Pontigny et Fontenay, modèle parfait de l'architecture cistercienne.

Visite de l'abbaye

Bien que les moines y soient toujours présents, on peut visiter une partie de l'abbaye, en particulier l'ancienne bibliothèque du XVIe siècle, des cellules de copistes ont été reconstituées, un parcours très pédagogique permet de comprendre l'esprit cistercien. Voir le site www.citeaux-abbaye.com. L'abbaye possède une ferme et fabrique un fromage prisé dans la région, vendu sur place.

Un moine défricheur, enluminure du manuscrit *Morales sur Job* de Cîteaux.

LES VISIONS DE SAINT BERNARD À FONTAINE-LÈS-DIJON ET À CHÂTILLON-SUR-SEINE

Saint Bernard avait une extraordinaire force de persuasion : il se présente à Cîteaux en compagnie d'une trentaine d'hommes, il enflamme son auditoire à Vézelay pour la Croisade, d'où lui vient cette éloquence ?

Saint Bernard est le fils de Tescelin le Roux, chevalier qui tenait la forteresse de Fontaine-lès-Dijon pour le compte du duc de Bourgogne, et d'Aleth de Vergy. Alors qu'elle attendait son troisième enfant, celle-ci vit en songe un chien blanc au dos roux qui aboyait. Un religieux lui expliqua que son fils serait comme un chien de garde de la maison de Dieu et qu'il aboierait contre les ennemis de la foi. À 9 ans, ses parents l'envoyèrent à l'école canoniale de Saint-Vorles à Châtillon-sur-Seine. Pendant une nuit de Noël, alors que la veillée précédant la messe de minuit se prolongeait, il s'endormit sur son banc devant un portrait de la Vierge Marie. Il vit alors en rêve la mère de Dieu qui lui parlait et qui pressait son sein pour distiller dans sa bouche ouverte trois gouttes de lait. Ce serait là la source de son éloquence. Sous l'inspiration de cette vision, il composa le *Salve Regina*. Bien des années plus tard, alors qu'il s'apprêtait à aller prêcher la Seconde Croisade à Vézelay (mars 1146), il était en visite chez ses parents et eut une vision au bord de la mare toute proche de

Autour de la Saint-Bernard (20 août)

« Pluie de la Saint-Bernard Fait déborder la mare. »

« Quand arrive la Saint-Bernard Si tu n'es pas en retard Ton blé n'est plus sous le hangar Et le moissonneur a sa part. »

la demeure familiale. Les eaux s'ouvrirent et il aperçut un chevalier blanc à la tête de l'armée du roi de France, puis les armées décimées par les infidèles qui l'appelaient au secours, enfin le vaisseau du roi qui s'en allait. Sur la route de Vézelay, son chariot s'embourba et une roue fut brisée par la volonté du diable, mais saint Bernard le transforma en roue et put continuer son chemin.

Abbé de Clairvaux après son noviciat à Cîteaux, il fonde plusieurs abbayes, dont deux en Bourgogne : Pontigny dans l'Yonne et Fontenay près de Montbard.

LE CULTE DU SACRÉ CŒUR À PARAY-LE-MONIAL

« Cœur de Jésus, sauvez la France ! »

Le 16 juin 1675, jour de la Fête-Dieu, Marguerite-Marie Alacoque, qui priait dans la chapelle des Visitandines à Paray-le-Monial, eut une vision du Christ qui lui confiait sa douleur : « Voilà ce Cœur qui a tant aimé les hommes, n'a rien épargné jusqu'à se consumer pour leur témoigner son amour et ne reçoit que froideurs et mépris. » Elle reçoit la mission d'instaurer une journée consacrée au Sacré Cœur et la promesse en échange de déverser son amour sur tous les participants au culte. Grâce à l'action des Jésuites, ce culte va se répandre dans toute la France comme une traînée de poudre. Par l'intermédiaire de la sainte, les fidèles ont trouvé un contact charnel avec le Christ.

Apparition du Christ à Marie-Marguerite Alacoque, point de départ du culte du Sacré Cœur.

Le 24 août 1792, du fond de sa prison du Temple, Louis XVI rédige un vœu, il s'engage, s'il est libéré, à abroger la constitution civile du clergé et à établir « une fête solennelle en l'honneur du Sacré Cœur de Jésus, laquelle sera célébrée à perpétuité dans toute la France ».

Des décennies plus tard, alors que Paris est assiégé par les Prussiens, naît dans certains milieux catholiques l'idée que pour triompher de l'invasion ennemie, la France doit faire pénitence et se consacrer au Sacré Cœur de Jésus.

À Paray-le-Monial, on confectionne un étendard portant un cœur couronné d'épines et entouré de flammes avec l'inscription : « Cœur de Jésus, sauvez la France ! » Cet étendard sera porté par les Volontaires de l'Ouest dans les derniers combats.

Paray-le-Monial est devenue une destination privilégiée des pèlerins.

Le 8 septembre 1870, des Parisiens exilés à Poitiers font le vœu de faire ériger à Paris un sanctuaire consacré au Sacré Cœur. Ce sera la basilique de Montmartre, déclarée d'utilité publique par l'Assemblée nationale en juillet 1873.

À Paray-le-Monial, dans la « chapelle des apparitions », une châsse en vermeil abrite les reliques de Marguerite-Marie Alacoque, béatifiée en 1864.

La visite de Jean-Paul II à Paray en 1986 a relancé le culte du Sacré Cœur, la ville voit affluer des milliers de pèlerins dans les sanctuaires aujourd'hui gérés par la communauté de l'Emmanuel.

LA PETITE ÉGLISE ET LES BLANCS EN CHAROLLAIS

À Flavigny-sur-Ozerain, monseigneur Lefebvre contestait les orientations l'Église. En Saône-et-Loire, la « Petite Église » vit en marge des institutions religieuses.

La Petite Église est un mouvement protestataire né à la suite du Concordat négocié en 1801 entre Bonaparte et le pape Pie VII. Il s'inscrit dans le droit fil des prêtres réfractaires, qui avaient refusé à la Révolution de prêter serment à la Constitution civile du clergé et continué à exercer leur ministère clandestinement. Pendant la Terreur, ils avaient été les seuls à célébrer la messe et à administrer les sacrements. Appelés les Blancs, les adeptes de ce mouvement furent particulièrement présents en Poitou (Vendée, Deux-Sèvres), en Belgique et dans la région lyonnaise. Ils se trouvent également en Bourgogne, principalement dans le Charollais, où se sont constitués trois centres de résistance : Tancon, Saint-Germain-des-Bois et Varennes-sous-Dun, dont les fidèles ont refusé le rattachement à une paroisse concordataire. Les Blancs ne reconnaissent pas l'autorité du pape, ils continuent à célébrer les fêtes religieuses officiellement supprimées par le Concordat comme la Chandeleur ou la Fête-Dieu, ils observent strictement les prescriptions de l'Église : prière, jeûne et abstinence, repos du dimanche et des jours fériés. Le seul sacrement qu'ils conservent est le baptême, qui est donné directement par les parents, sans intervention d'un prêtre. Ils se confessent directement à Dieu ou à l'un des leurs, désigné comme chef, mais sans sanction de pénitence. Ils se marient entre eux, si un ou une catholique veulent épouser un membre des Blancs, il doit se convertir à leur foi. Une pièce du logement est généralement consacrée à la prière, on y lit le dimanche une messe basse, sans eucharistie. Les Blancs se font inhumer tels qu'ils sont nés, nus dans un linceul, leurs tombes sont rassemblées dans un endroit à part, le « carré des Blancs ». On les reconnaît à un cœur en métal émaillé blanc, sur lequel est inscrit le nom du défunt. Les adeptes sont aujourd'hui au nombre de deux cents environ, dispersés dans une quinzaine de villages de l'arrondissement de Charolles.

La signature du Concordat.

TAIZÉ, L'ESPRIT DE RÉCONCILIATION

La terre est donnée à l'homme pour qu'il s'en serve.
Elle est pour lui moyen de liberté et non d'atteinte à la liberté d'autrui. »
(Frère Roger Schutz)

L'esprit souffle sur les terres de Cluny. À quelques kilomètres de la célèbre abbaye est venu se fixer en 1940 un étudiant en théologie de Lausanne, âgé de 25 ans, frère Roger Schutz. Pendant deux ans, il aide des réfugiés à franchir la ligne de démarcation toute proche. Obligé de rester en Suisse en 1942 après dénonciation, ce fils de pasteur revient en Bourgogne à la Libération avec un projet bien précis : créer une communauté dans un esprit œcuménique. Sa vie se résume en trois mots : comprendre, pardonner, se réconcilier. À Pâques 1949, les sept premiers frères s'engagent « pour la vie et au service de Dieu et du prochain, la communauté de biens et l'acceptation d'une autorité ». Plusieurs membres de la communauté seront envoyés en mission dans les pays pauvres. En 1962 est inaugurée l'« église de la réconciliation », bâtie par de jeunes Allemands en signe de réconciliation entre les deux peuples. Le village de Taizé est devenu un centre de rencontre pour des milliers de jeunes chrétiens de

**Frère Roger Schutz,
prêchant à l'occasion d'un service religieux œcuménique.**

Vitrail de frère Éric de l'église de la Réconciliation à Taizé : l'entrée du Christ à Jérusalem.

tous horizons qui y viennent pour échanger leurs expériences de la foi. Les frères de Taizé ont développé une liturgie adaptée à la jeunesse, avec des chants faciles à reprendre en chœur dans toutes les langues et qui se sont répandus dans toute la chrétienté. Depuis 1985, un « pèlerinage de confiance sur la Terre » est organisé chaque année dans une grande ville d'Europe. Des dizaines de milliers de jeunes se sont rencontrés à Lisbonne, Milan, Zagreb, Genève, Prague, Bruxelles ou Berlin. Les rencontres internationales ont essaimé hors d'Europe, elles se sont déroulées entre autres à Santiago du Chili, Kigali, Mexico, Cotonou. Le frère Roger Schutz a été poignardé en plein office par une femme déséquilibrée, le mardi 16 août 2005. Le successeur qu'il avait désigné est le frère Alois, d'origine allemande, qui l'avait souvent accompagné, notamment en 1978 à Johannesburg, où ils avaient exprimé leur solidarité avec des victimes de *l'apartheid*.

LE TEMPLE BOUDDHISTE DE LA BOULAYE

Dans le triangle d'or spirituel de la Bourgogne, un temple invite à la méditation et à l'étude des textes bouddhiques.

Un temple tibétain en pleine campagne bourguignonne, c'est le spectacle qui surprend le visiteur à La Boulaye près de Toulon-sur-Arroux, sur la route d'Autun à Saulieu. Il a été construit de 1983 à 1987 à l'initiative de Kyabje Kalou Rimpotche, grand maître du bouddhisme Vajaraayana (véhicule de diamant), sur le modèle du temple de Samye, édifié au Tibet au VIe siècle après Jésus-Christ. Le portique d'entrée est orné de deux biches entourant la roue du darma, qui représentent deux disciples suivant l'enseignement de Bouddha. Le temple lui-même est construit sur trois niveaux, qui symbolisent le corps, la parole et l'esprit de Bouddha. C'est au deuxième niveau que les lamas dispensent leur enseignement. Les drapeaux qui flottent au vent émettent des souhaits de bons auspices pour tous les êtres et dans toutes les directions. Les quatre piliers en façade du temple renvoient aux quatre vérités sur la souffrance, son origine, sa cessation (nirvana) et le chemin qui mène au nirvana. Peints sur un pilier, les trois animaux l'un sur l'autre (éléphant, singe et lapin) symbolisent l'harmonie entre les êtres. À l'intérieur du temple, dont le premier niveau est accessible au public, se trouvent des statues monumentales de Bouddha, des peintures sur tissu et murales et des frises colorées. Des rituels avec chants et musique ont lieu le matin à neuf heures et le soir à dix-huit heures. Le temple est un centre d'enseignement du bouddhisme, il organise des stages d'initiation à la méditation qui peuvent culminer dans une retraite de trois ans, trois mois et trois jours au terme de laquelle on devient lama. C'est également un centre d'études des textes bouddhiques fondamentaux. Le nom complet du sanctuaire est Dahang Kagyu Ling, « l'heureux jardin où l'esprit se lie à l'enseignement de Kagyu Ling », une des écoles du véhicule de diamant.

Représentation de Bouddha.

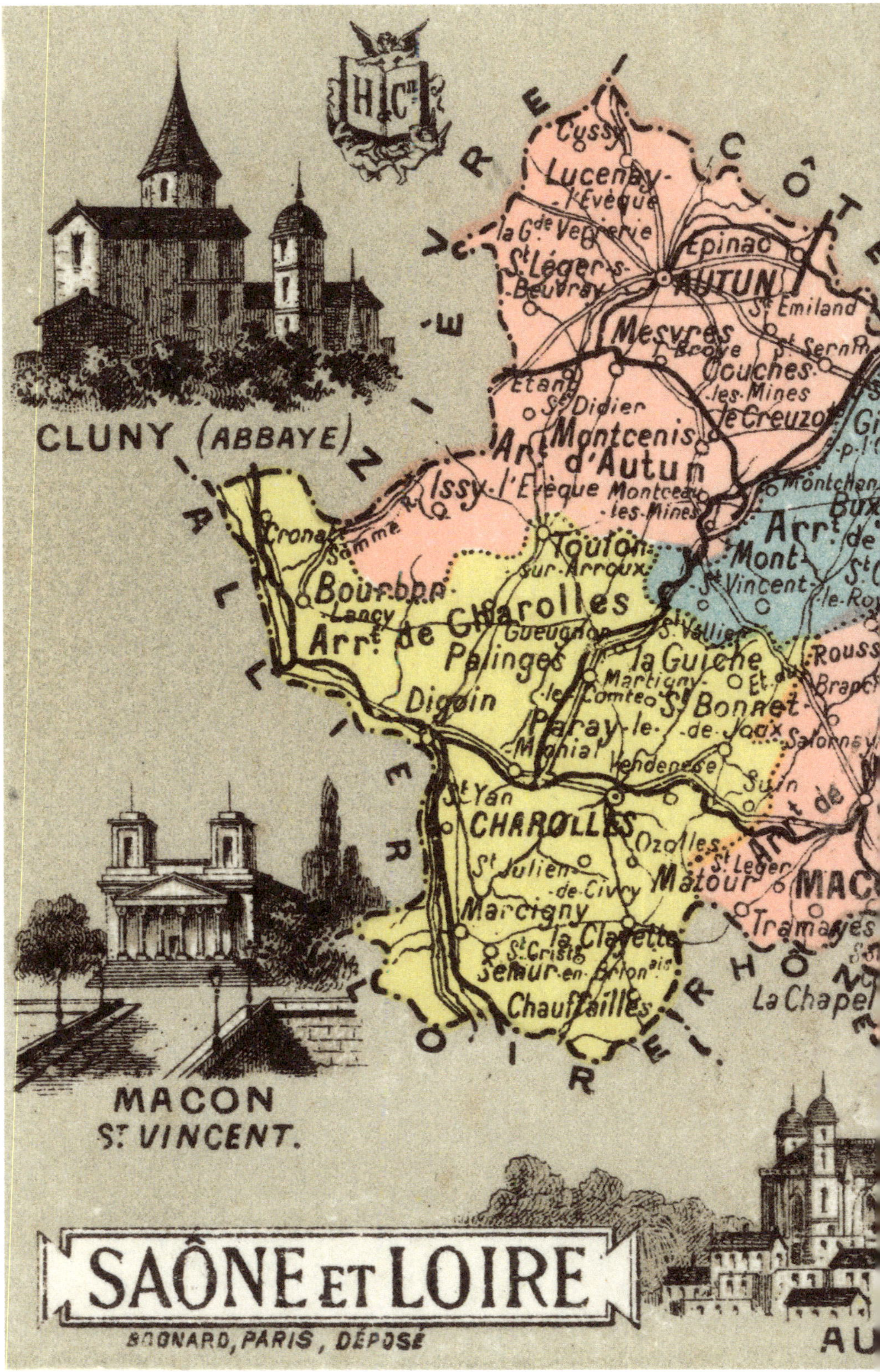

La Saône-et-Loire compte des abbayes d'importance comme à Cluny, Châlons-sur-Saône, Autun ou Mâcon.

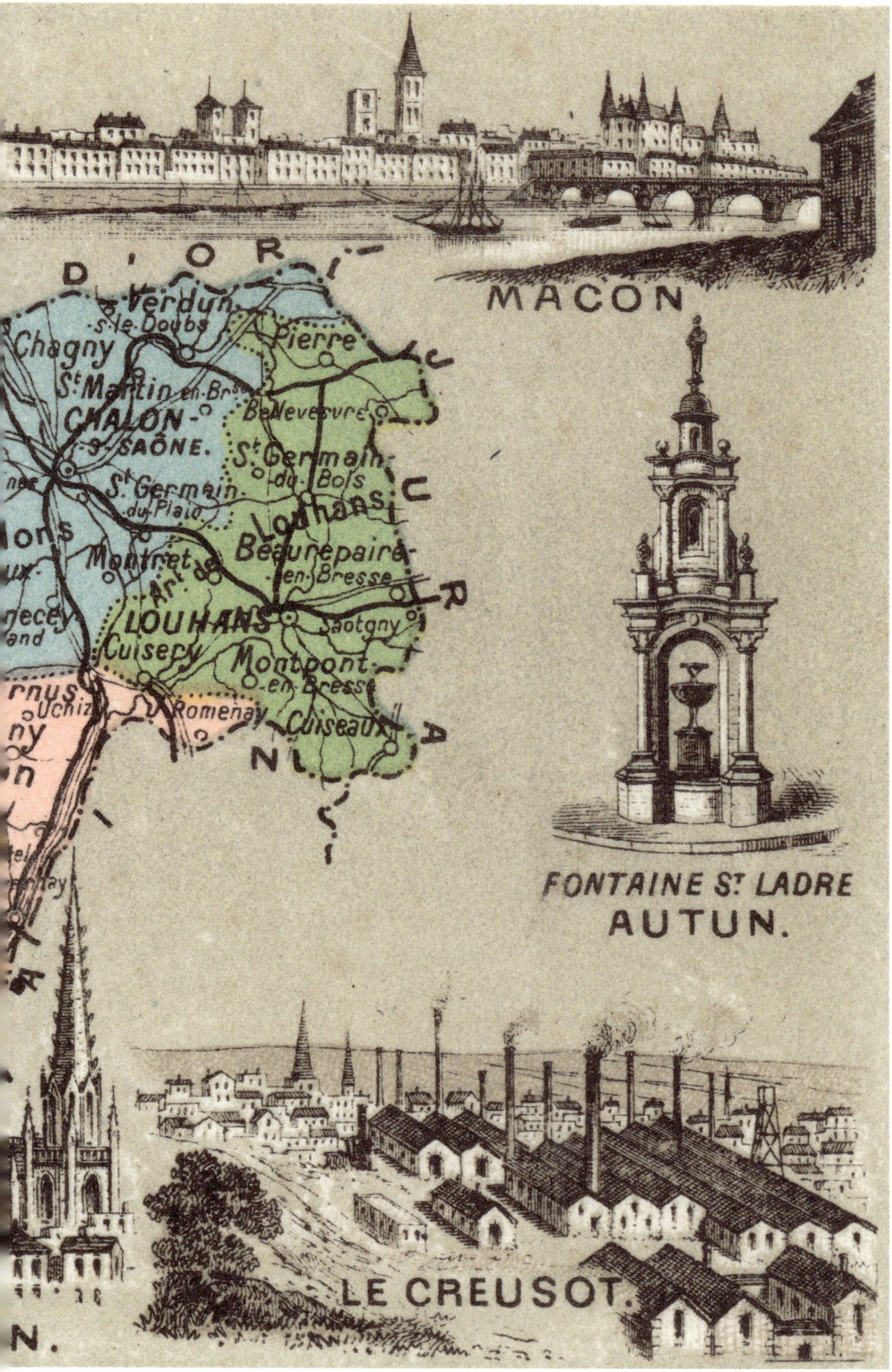
MACON
Verdun s-le-Doubs
Chagny
St Martin en Br.
CHALON-S-SAÔNE.
Pierre
Bellevesvre
St Germain du Bois
St Germain du Plain
Louhans
Montret
Beaurepaire en Bresse
LOUHANS
Cuisery
Montpont en Bresse
Romenay
Cuiseaux
FONTAINE St LADRE
AUTUN.
LE CREUSOT.

SOURCES ET ROCHERS

CHAPITRE TROIS

Le sanctuaire des sources de la Seine – Les sources guérisseuses – Les sources divinatoires – La source de saint Hippolyte en Saône-et-Loire – La fontaine Certenue à Mesvres, près d'Autun – La chapelle de Faubouloin – La Vingeanne et ses légendes – Alignements de menhirs – Les chevaux de la roche de Solutré – Autun : les mystères de la pyramide de Couhard – Le temple dit « de Janus » à Autun – La Pierre-qui-Vire en Morvan – Le mystère des sarcophages de Quarré-les-Tombes – Pierre après pierre, Guédelon sort de terre

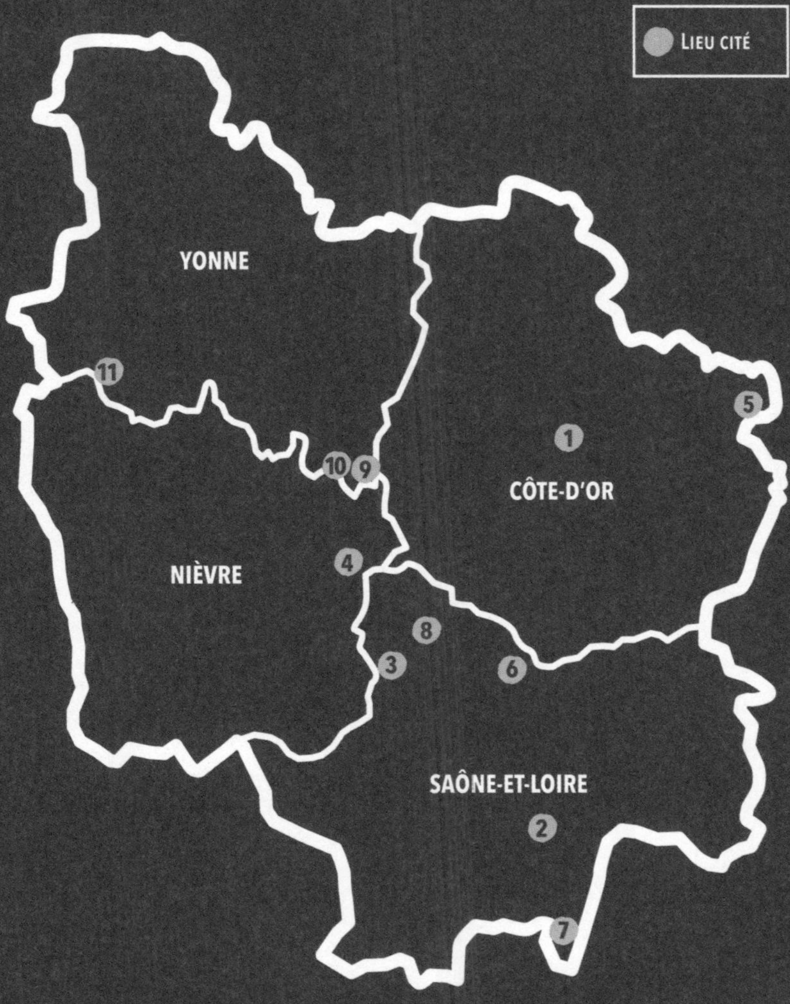

1 Source-Seine
2 Bonnay
3 Mesvres
4 Corancy
5 Pouilly-sur-Vingeanne
6 Époigny
7 Solutré-Pouilly
8 Autun
9 Saint-Léger-Vauban
10 Quarré-les-Tombes
11 Guédelon

« Du Morvan à la Saône, de la Montagne noire à la ligne d'eau douce, la Bourgogne se déroule comme un rythme grave où chante l'harmonie de tous les reliefs. »
(Gaston Roupnel, La Bourgogne, types et coutumes)

Projet d'un temple rustique enchâssé dans la grotte des sources de la Seine.

L'eau est source de vie, des vertus réelles ou imaginaires lui ont été attribuées de tout temps, elle est l'objet de cultes à l'époque gallo-romaine. Déjà, la naissance d'une source est souvent miraculeuse. On ne compte plus celles qui ont jailli sous le sabot du cheval de saint Martin lors de sa traversée de la Bourgogne, comme à Lassey en Côte-d'Or (puits Saint-Martin) ou à Larrey-les-Dijon (Fontaine d'Ouche) ou encore à Vic-de-Chassenay. Dans le Sénonais, la fontaine Saint-Gorgon s'ouvre sous le sabot du cheval de l'intendant Gorgon, martyrisé sous le règne de Dioclétien. La source d'Alise-Sainte-Reine jaillit sur les lieux de son martyre. De même, la fontaine à la sortie de Saint-Clément en Sénonais est le lieu présumé du martyre de sainte Colombe sous Aurélien au IIIe siècle. Les cultes païens liés aux sources n'étaient pas du goût des chrétiens. Le concile d'Arles de 452 considérait que tout évêque devait veiller sur son territoire à abolir ces usages païens qui consistaient à vénérer des arbres, des fontaines ou des pierres. Les rites étaient toutefois si ancrés que l'Église s'est efforcée de les récupérer. Elle a pris le parti de sanctifier les sources en les bénissant.

Après l'eau, la roche façonne le paysage bourguignon. C'est le sol calcaire sur lequel pousse la vigne, ce sont les pierres extraites des carrières pour édifier et orner les églises romanes. Les roches granitiques du Morvan, proue du Massif central, offrent parfois des paysages étranges qui enflamment l'imagination.

Le temple de Janus à Autun.

Une rivière dans le Morvan.

On y voit des chaudrons de sorcières, des sièges du diable, des roches erratiques lancées par Gargantua. Des assemblages de pierre, comme le temple de Janus, la pierre de Couhard à Autun ou le pilier de Mavilly, défient les archéologues.

LE SANCTUAIRE DES SOURCES DE LA SEINE

Au Musée archéologique de Dijon, des centaines d'ex-voto en bois, en métal, en pierre, témoignent d'un culte à la déesse Sequana qui s'est perpétué pendant des siècles.

Le sanctuaire des sources de la Seine, qui a fait l'objet de plusieurs campagnes de fouilles, est représentatif du culte guérisseur. Plusieurs inscriptions relevées sur le site attestent qu'on y vénérait la déesse Sequana dont on a retrouvé une représentation en bronze.

On offrait à la divinité une reproduction en pierre ou en métal de la partie du corps atteinte par la maladie et l'on croyait ainsi la libérer du mal infligé par la volonté divine. Les ex-voto exposés au Musée archéologique de Dijon donnent une idée des maux dont souffraient les pèlerins : affections oculaires, goitres, fractures, maladies des organes sexuels. Les pèlerins venaient à pied ou en charrette, ils portaient tous le même vêtement : une épaisse cape de laine munie d'un capuchon. Les offrandes étaient probablement achetées sur place, les objets offerts sont dans des matériaux faciles à trouver sur le site : calcaire oolithique et bois de chêne. Après avoir déposé leur offrande, ils étaient immergés dans un bassin sacré. Il est probable qu'à l'instar d'autres sites contemporains, des prêtres guérisseurs recevaient les malades en consultation.

Les monnaies découvertes aux alentours du sanctuaire permettent d'établir que le culte a été célébré pendant au moins quatre cents ans, depuis l'époque d'Auguste jusqu'à la fin du IVe siècle.

La déesse Sequana sur une galère en bronze. (Musée archéologique de Dijon)

Monument érigé par la Ville de Paris à l'endroit où la Seine prend sa source.

Au culte païen de Sequana s'est substitué celui de saint Seine, fondateur de l'abbaye aujourd'hui disparue qui a donné son nom au village de Saint-Seine-l'Abbaye. On continuait à se rendre aux sources de la Seine en procession afin d'obtenir de la pluie en cas de sécheresse. Les pèlerins puisaient de l'eau à l'aide de petits vases et en aspergeaient le prêtre qui officiait.

Plus il était mouillé, plus grandes étaient les chances de réussite.

LES SOURCES GUÉRISSEUSES

Fièvres, épilepsie, gale, rachitisme, maux de gorge : à chaque source sa spécialité.

Même si elles ne possèdent pas de vertus curatives avérées, certaines sources sont considérées comme guérisseuses, parfois elles sont spécialisées dans une affection. Près de l'abbaye de Fontenay, au bord de l'étang où l'ermite Martin avait élu domicile avant l'arrivée des Cisterciens, coule une source appelée La Racherie, ainsi nommée parce qu'elle était réputée guérir de la rache, c'est-à-dire de la gale. La source de Saint-Denis à Binges (Côte-d'Or) était recommandée contre l'épilepsie, celle de Saint-Blaise à Saint-Andeux guérissait des maux de gorge. Il y avait aussi des sources que l'on peut qualifier de « généralistes ». C'est le cas de celle de la chapelle Villard, sur la commune de Villeneuve-en-Montagne, sur la côte chalonnaise qui fut, jusqu'à la Seconde Guerre mondiale, le théâtre de pèlerinages annuels qui se déroulaient les lundis de Pâques et de Pentecôte.

Les malades affluaient, grattaient un peu de poudre sur le gisant de saint Berthaud à l'endroit de leur mal, la poudre était mélangée à l'eau que l'on buvait. On peut encore voir aujourd'hui sur le gisant des traces de prélèvements. À la fontaine Saint-Julien de Lanzy près de l'Étang-sur-Arroux en Saône-et-Loire, les « fiévreux » allaient trois jours consécutifs avant le lever du soleil boire trois gorgées d'eau, en rejetaient deux à droite et une à gauche en disant : « Fontaine, fontaine, je bois de ton eau. Baille-moi ta santé, moi je te baille ma maladie. » Une fois le rite accompli, ils faisaient une offrande et quittaient les lieux. La fontaine Notre-Dame de la Certenue à Mesvres (Saône-et-Loire) était réputée pour guérir les enfants attardés, les fièvres et la stérilité. Il fallait s'y rendre le soir de la Pentecôte et chanter des cantiques jusqu'à l'aube. À Uchon en Saône-et-Loire, les nourrices qui voulaient avoir un lait abondant allaient faire leurs ablutions à la fontaine Mortanne. Après s'être aspergées les seins avec l'eau de la fontaine, elles remplissaient une cruche pour renouveler l'opération chez elles pendant trois jours.

L'eau des sources est souvent parée de vertus curatives.

LES SOURCES DIVINATOIRES

Vais-je me marier dans l'année ? Aurai-je des enfants ? Mon enfant guérira-t-il ? – Demande à la source !

La bague au doigt dans l'année qui vient ? Demandez à la source !

En plus de leur vertu guérisseuse, les sources avaient la faculté de prévoir l'avenir. À l'endroit où naquit la source d'Alise-Sainte-Reine déjà évoquée, les jeunes filles désireuses de se marier venaient consulter la sainte en jetant des épingles dans l'eau. Si elles tombaient l'une sur l'autre, formant une croix, on pouvait préparer les noces dans l'année. La source de la Coquille, voisine de la précédente, était particulièrement fréquentée le jour de la Chandeleur De nombreux jeunes mariés s'y rendaient et y jetaient des morceaux de pain, que des enfants tiraient ensuite à eux avec des perches, s'efforçant d'éclabousser les assistants. L'union des jeunes mariés serait d'autant plus féconde qu'ils avaient été copieusement arrosés. Parfois, la vertu divinatoire s'accompagne de scènes d'exorcisme. L'exemple le plus curieux est celui de la source de la Douix à Montbard. Autrefois, pour la Chandeleur, on préparait des pâtisseries appelées mariottes ou marionnettes, mélange de farine et de graisse, qui étaient censées représenter les fées apparues jadis selon une légende aux lavandières de la fontaine de Douix. On piquait dans la tête cinq haricots, fèves ou pois pour figurer le diadème, le nez, les lèvres et les yeux, le tout était placé sur une plaque et porté au four banal. Ensuite, jeunes et vieux se rendaient à la fontaine en dansant. On décapitait les gâteaux avec des baguettes et des battoirs. Si les fées étaient reconnaissantes, garçons et filles pouvaient se marier dans l'année. À Vauban, à 26 kilomètres à l'est-sud-est de Paray-le-Monial, la fontaine de Saint-Martin était consultée pour connaître le sort des enfants, soit pour un nouveau-né chétif, soit pour un malade.

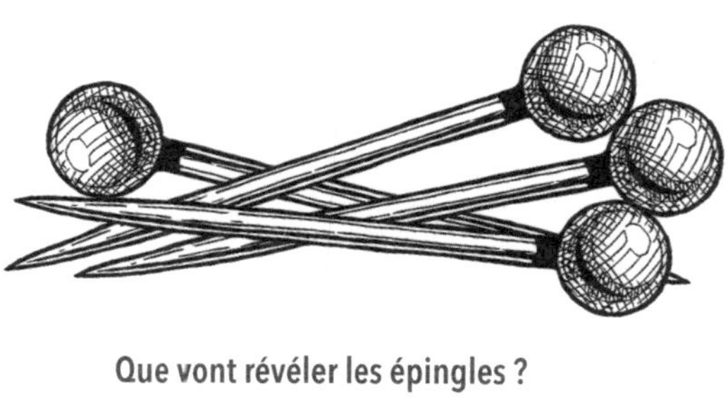

Que vont révéler les épingles ?

Une source recèle toujours une part de mystère…

On déposait sur l'eau un vêtement ou une poupée d'étoffe, si l'objet flottait, c'était signe de guérison, les pèlerins laissaient en offrande des œufs, des pommes, des poires, des pièces de monnaie ou du miel, car la fontaine était également réputée pour la bonne santé des abeilles.

Les abeilles aussi peuvent bénéficier du bienfait des sources.

LA SOURCE DE SAINT HIPPOLYTE EN SAÔNE-ET-LOIRE

Quand un pèlerinage tourne à la foire et provoque une rébellion du clergé contre les marchands du temple.

La source de Saint-Hippolyte, dite aussi « fontaine de dévotion du Jactin », se trouve à 200 mètres de l'église de Bonnay en Saône-et-Loire. Elle est réputée, car jamais elle ne se tarit, même en période de grande sécheresse. Elle doit son nom à saint Hippolyte, un soldat romain qui s'y était arrêté pour y soigner une blessure. La guérison des plaies fut instantanée.

Le site devint lieu de pèlerinage, une procession était organisée la nuit de la fête du saint, le 13 août, une goutte de sang apparaissait à la surface de l'eau, à l'endroit où le saint avait lavé ses blessures. L'eau était réputée pour guérir les maux d'yeux et les coliques, les femmes y avaient recours pour demander la fécondité. Le pèlerinage annuel était devenu au fil des décennies une fête populaire, la cour de l'église se remplissait de boutiques, de merciers, de boulangers et de cabaretiers, au point qu'en 1779 le curé de Bonnay écrivit à l'évêque pour se plaindre de ces pratiques profanes. Mais rien n'y fit, la fête continua chaque année jusqu'au milieu du XIXe siècle. En 1857, le curé Bonnardel fit venir directement de Rome une relique. Chaque 8 août, il célébra l'anniversaire de la translation de la relique. Le pèlerinage reprit ainsi son caractère religieux jusqu'à la mort du curé en 1900. De nos jours, seuls les tenants de la Petite Église, les Blancs (voir page 190), viennent s'y rassembler.

Qui était saint Hippolyte ?

Le saint Hippolyte objet de dévotion dans la région était un soldat romain qui fut chargé de la surveillance de la prison de saint Laurent, qui le convertit au christianisme. Après le martyre du saint, il alla l'enterrer secrètement. Il fut dénoncé et emprisonné, mais un ange vint le délivrer. De nouveau arrêté, il refusa tous les honneurs promis par l'empereur Valérien s'il abjurait sa foi, il fut attaché à des chevaux sauvages qui le traînèrent sur plusieurs mètres.

Coupable d'avoir caché le corps de saint Laurent, Hippolyte fut écartelé.

LA FONTAINE CERTENUE À MESVRES, PRÈS D'AUTUN

Pour être guéri à la fontaine, il fallait bien choisir le jour et l'heure et connaître tous les rites.

Au sommet de la montagne du même nom, la fontaine de la Certenue, sur la commune de Mesvres, dans l'Autunois, située près d'une ancienne chapelle dédiée à la Vierge, a vu des guérisons extraordinaires : enfants dénoués, attardés qui se mettent à parler couramment, fièvres guéries, mariages désirés et accomplis dans l'année, prêtres incrédules punis de leur manque de foi, femmes stériles devenues fécondes.

Derrière les miracles de la fontaine, la Vierge Marie.

Les vertus de la source s'expliquent par son origine miraculeuse. Une nuit, de retour du château de Forgerette où elle avait été transportée par trois fois, la Vierge l'avait fait jaillir aux abords de la chapelle. Elle a d'ailleurs laissé l'empreinte de son talon sur la margelle. Le soir de la Pentecôte, une foule nombreuse venait camper sur place. Quelques-uns grattaient le socle de la statue de la Vierge et mêlaient la poussière à l'eau de la fontaine. La guérison se produisait vers minuit quand la statue de la Vierge se couvrait de sueur ou changeait de couleur. Le lundi avait lieu la procession vers la chapelle, il y avait là un saule et deux hêtres et quelques blocs de granit, la source était entourée d'un enclos de pierres sèches. Les pèlerins plongeaient dans l'eau une bouteille à laquelle une fois remplie on buvait à tour de rôle. Chacun buvait, se rinçait les mains et les yeux. On pouvait également emporter des bouteilles

Une fontaine toujours très fréquentée.

d'eau, qu'il fallait frotter contre le socle de la statue avant de partir. À midi, la cérémonie était terminée. En dehors de la Pentecôte, il fallait, pour être guéri, venir faire ses dévotions à la fontaine trois vendredis ou neuf jours de suite. Mais le curé de Broye, qui n'aimait pas ces superstitions, prêcha un jour contre la procession à la Certenue. Mal lui en a pris : il fut brusquement pris d'accès de fièvre, dont il ne fut guéri qu'après avoir envoyé une femme réciter une neuvaine à la source et avoir lui-même bu de son eau.

Le site de la Certenue a aujourd'hui perdu beaucoup de son mystère : on y accède par une route goudronnée, un relais de télévision a été implanté sur la montagne, l'environnement de la source a été déboisé.

LA CHAPELLE DE FAUBOULOIN

La chapelle Notre-Dame de Grâce ou Notre-Dame du Frêne, sur la commune de Corancy, a été de tout temps un lieu de culte. On y a vénéré Cybèle, déesse de la fécondation, en un lieu symbolique de rencontre entre la montagne, la forêt et les sources.

Quand on commença à ériger une chapelle à l'endroit où un bœuf avait découvert une statue de la Vierge, les maçons trouvaient chaque matin leur ouvrage de la veille détruit. Ce n'était manifestement pas l'endroit où la sainte voulait être honorée. On ne savait plus quel endroit choisir.

Cybèle, déesse des Phrygiens, avec orbe et sceptre, dans un char tiré par quatre lions.

Un prêtre demanda au maître maçon de jeter en l'air son marteau, la main divine le conduirait sur l'emplacement de son choix. Le maçon obéit et le marteau tomba sur le site où se trouve aujourd'hui la chapelle.

La chapelle est datée de XIe siècle, la nef fut agrandie en 1558 et le clocheton date de la fin du XVIIe siècle. Rituels et dévotions s'attachent aux antiques tilleuls et aux trois fontaines proches : Sainte-Marie, Sainte-Marguerite et du Frêne.

La source Sainte-Marguerite est une source guérisseuse invoquée pour le culte de la fécondité, pour soulager les maux de bouche ou des yeux, pour écarter l'orage et chasser les démons. Elle assurait une heureuse délivrance aux femmes enceintes.

La source Sainte-Marguerite était invoquée par les femmes enceintes.

La source Sainte-Marie a une vertu divinatoire. Elle prédisait pour les parents la guérison ou la condamnation d'un enfant malade. On jetait un vêtement de l'enfant dans l'eau. S'il flottait, c'était un bon présage, s'il coulait, il fallait s'attendre à une issue fatale. On venait implorer la Vierge pour demander la pluie ou la fin d'une calamité, ou bien pour la protection des animaux domestiques.

À environ 700 mètres, la source du Frêne sacré procurait aux jeunes filles un mari dans l'année, elle était également consacrée à la fertilité humaine ou du sol. Après avoir bu l'eau de la source, le rituel consistait à épingler une feuille de houx sur le tronc de l'arbre sacré après avoir jeté en offrande une pièce de monnaie et récité une prière. C'est dans un arbre proche de cette source que l'on a trouvé la statue de la Vierge.

LA VINGEANNE ET SES LÉGENDES

Au temps des croisades vivait à Aprey un bon seigneur qui aimait sa femme Jeanne. Tous deux étaient épris de poésie et leur lieu de promenade préféré était un val étroit appelé Combe Rugot, où se trouvait une jolie source.

Sous de grands arbres, il y avait un banc et une table de pierre. Le couple y restait jusqu'à l'angélus du soir, à écouter le murmure de l'eau et le chant des oiseaux. Mais un hiver, la dame mourut. Inconsolable, le mari revenait sans cesse chaque dimanche auprès de la source. Il fit graver une inscription dans la pierre : « Ici vint Jeanne ». Là vint Jeanne : la formule est devenue le nom de la rivière.

Étymologiquement, le nom vient d'étoiles d'ail qui jonchaient les bords de la rivière en mai, la couvrant d'un manteau blanc : *vindogena* signifie rivière blanche.

Au pied d'une falaise en aval de Percey-le-Petit se trouve une grotte nommée la « maison aux fées ». Une légende veut que deux disciples de sainte Marthe, Myriam et Sara, s'y soient réfugiées après avoir été chassées par les villageois. Elles y auraient reçu la visite de saint Bénigne, évangélisateur de la Bourgogne, qui les aurait mises en garde contre des persécutions de chrétiens. Elles allèrent se réfugier dans un boyau proche de la grotte, les soldats romains passèrent à côté sans les voir.

Un ruisseau entre Pouilly-sur-Vingeanne et Saint-Seine-sur-Vingeanne a une vertu : son eau est si chaude qu'il suffit de s'y baigner pour être en sueur et débarrassé de toute maladie. Le lavoir proche est très apprécié des lavandières à cause de la température de l'eau.

À Pouilly, la fontaine aux Dames a aussi sa légende. Des châtelaines des environs qui voyageaient en calèche y ont disparu en pleine nuit, après que les chevaux se sont emballés.

À hauteur de Mornay se trouve une fosse appelée : « trou des cloches ». Il suffit d'y jeter quelques pierres pour entendre sonner les cloches au fond de l'eau.

La Vingeanne naît au pied du plateau de Langres, traverse la Haute-Marne et va se jeter dans la Saône à Maxilly-sur-Saône. Pendant longtemps, elle fut la frontière entre le royaume de France et la Franche-Comté espagnole.

Un soldat inconsolable de la perte de son épouse.

ALIGNEMENTS DE MENHIRS

À Époigny (Saône-et-Loire) subsiste un alignement de menhirs. Ils sont au nombre de sept, dont cinq ont été redressés de 1984 à 1990 à quelques mètres de l'emplacement de leur découverte.

Ils forment un V dont la pointe est dirigée vers le sud. Le plus grand menhir mesure 7 m 35 de haut et pèse entre 20 et 30 tonnes. Sous l'un d'entre eux, on a mis à jour une urne funéraire datée du bronze final. On distingue des gravures datées du néolithique moyen, représentant des formes humaines, des cupules et une hache.

Le site a été fréquenté pendant 5 000 ans jusqu'à l'époque gallo-romaine, où il servit de temple en l'honneur d'Epona, déesse gauloise des cavaliers. On ne sait s'il s'agit d'un site d'observation astronomique, ou de stèles funéraires de personnages importants. La nécropole se trouvait au bord d'une route très fréquentée.

La pierre utilisée est un granit dont le gisement le plus proche est situé à 5 kilomètres.

Accès : sortir de Couches en direction d'Autun puis de Saint-Pierre-de-Varennes. L'alignement se trouve en pleine campagne à un carrefour.

Un autre alignement se trouve dans le champ de la Justice près d'Autun. Il s'agit de 30 menhirs sur trois rangées, leur hauteur varie de 1 mètre à 2 m 50, six d'entre eux sont restés en place. Le granit utilisé provient probablement de Couhard, aux environs d'Autun, à 6 kilomètres au sud.

En 1882, Jean Rigollot, pharmacien à la retraite, remarqua sur ce champ, proche d'une station préhistorique connue des archéologues, des blocs de granit affleurant au sol. Avec une aide financière du département, il décida de les faire redresser. Le propriétaire du terrain ayant porté plainte, le pharmacien fut condamné en 1885 à enfouir les menhirs.

Accès : à Autun, prendre la direction d'Arnay-le-Duc, après Saint-Pantaléon, au niveau des terrils, prendre à droite et passer la voie ferrée. Prendre à gauche le chemin de la Justice. Après deux virages, s'arrêter à un portail à gauche. Les menhirs sont dans la haie à côté d'un orme.

Les menhirs ont été, de tout temps, l'objet de cultes divers.

LES CHEVAUX DE LA ROCHE DE SOLUTRÉ

« Deux navires pétrifiés surplombant une mer de vignes. »
(Lamartine, à propos des roches de Solutré et de Vergisson)

Entre 1866 et 1870, des archéologues ont découvert sur le site dit le Clos du charnier un magma impressionnant d'ossements de chevaux et de rennes de l'époque préhistorique. Pour expliquer cet amoncellement a longtemps couru une légende dont l'origine est un roman de l'archéologue Adrien Arcelin intitulé *Solutré ou les chasseurs de rennes* paru en 1872. Il écrit : « Les premiers chevaux qui arrivèrent au bord de l'escarpement se cramponnèrent sur leurs jarrets en flairant le vide [...] Les derniers de la bande, brûlés et aveuglés par les flammes, s'élancèrent droit devant eux avec une impétuosité que rien ne pouvait arrêter, et le troupeau tout entier roula au pied des falaises. Ce fut une effroyable avalanche, noire et poudreuse, mêlée de cris et de bruits sourds, qui nous terrifia. » Cette thèse selon laquelle les chevaux auraient été attirés en haut de la falaise puis précipités dans le vide, a été battue en brèche à la suite de nouvelles investigations sur le site. Le charnier était trop éloigné du pied de la falaise, et les os ne montraient pas systématiquement de marques de brisures. Culminant à 492 mètres d'altitude, la roche de Solutré surplombe une dépression qui était le lieu de passage

Le site

L'ascension de la roche par un sentier proche du musée est récompensée au bout du chemin par une vue panoramique pouvant aller par temps clair jusqu'aux Alpes et au Jura. François Mitterrand, qui a découvert le site en 1946, avait pris l'habitude de s'y rendre le lundi de Pâques, puis de Pentecôte, avec des proches et amis triés sur le volet, sous les feux des projecteurs après son accession à la présidence en 1981.
Le site a été classé monument historique dès 1942, un musée de la Préhistoire a été créé en 1987 sur l'initiative du département de Saône-et-Loire.

Tél. : 03 85 35 82 81, www.solutre.com

privilégié des troupeaux de gibier à l'époque paléolithique, lors de leurs migrations saisonnières entre les plaines alluviales de la Saône, transformées en marécages au printemps, et les pâturages des monts du Mâconnais. La forme incurvée de la roche formait un piège naturel où les chasseurs de l'époque pouvaient facilement capturer leurs proies. Ils utilisaient des sagaies en bois de renne qu'ils pouvaient projeter à 30 mètres. Ils les faisaient ensuite cuire sur place et abandonnaient les os. Des dizaines de milliers de chevaux ont ainsi été abattus entre 35000 et 10000 avant Jésus-Christ.

La poursuite des chevaux sur le rocher de Solutré.

AUTUN : LES MYSTÈRES DE LA PYRAMIDE DE COUHARD

En arrivant à Autun par le sud, l'œil est attiré par une drôle de construction qui a très vite éveillé la curiosité des archéologues.

Il s'agit d'une pyramide sur un socle rectangulaire, aujourd'hui déchiquetée. Elle est située sur les premiers contreforts du Morvan, qui domine Autun au sud-est, à proximité d'une ancienne nécropole baptisée « champ des urnes ». Elle est datée du IIe siècle après JC. À l'origine, elle avait 33 mètres de haut et un parement en marbre blanc, selon une vue d'Autun datant de la Renaissance.

Une étonnante ressemblance avec les pyramides égyptiennes.

Un tombeau bien mystérieux.

Aujourd'hui elle est percée d'un orifice, vestige de fouilles entreprises en 1640 par l'abbé de Castille, qui rechercha en vain une salle intérieure, à l'instar des pyramides d'Égypte.

C'est le tombeau d'une personnalité exceptionnelle par sa taille et sa situation. Selon les archéologues, ce pourrait être celui du druide Diviaticus. C'était le chef de file du parti pro-romain chez les Éduens. Son frère Dumnorix par contre avait pris parti contre les Romains. Lorsqu'il se rendit à Rome en 61 avant JC, il dirigeait une délégation qui tenta de convaincre les Romains d'aider les Éduens dans leur guerre contre les Séquanes et les Germains. En 58 avant JC, Diviaticus accompagnait les Romains dans leur campagne contre les Helvètes. Il était donc dans le camp de César lorsque celui-ci découvrit la trahison de Dumnorix, qui empêchait les réserves de blé d'arriver jusqu'à l'armée romaine. Il intervint avec succès auprès de César pour que son frère soit pardonné. En 57 avant JC, on le retrouve au sein de l'armée romaine qui combattait les Belges.

En 1960, on a trouvé à la base de la pyramide une tablette en plomb de 15,8 cm sur 5,8 cm portant des noms de maléfices en grec et en latin (aujourd'hui au musée Rolin à Autun).

Une autre hypothèse, confortée par la structure pleine mais abandonnée aujourd'hui par les archéologues, fait de cette pierre une grue permettant de charger et décharger des bateaux sur un cours d'eau qui se trouvait à proximité.

La pierre de Couhard a été classée monument historique dès 1840.

LE TEMPLE DIT « DE JANUS » À AUTUN

Un temple au double visage qui n'a pas fini d'intriguer les archéologues : quelle divinité y était célébrée ?

À la sortie d'Autun en direction de Château-Chinon et Nevers, l'attention est immanquablement attirée par un bâtiment en ruines au milieu des prés. C'est un édifice de plan carré dont deux murs de 24 mètres de haut et 16 mètres de large ont subsisté. Au niveau inférieur, on trouve une série de niches, trois d'entre elles sont béantes, car le fond s'est écroulé.
Le plan indique qu'il s'agit d'un fanum gaulois dédié à une divinité, la construction du Ier siècle, elle, est de facture romaine.
Tout autour courait une galerie. Il est probable que l'édifice était à l'origine en bois.

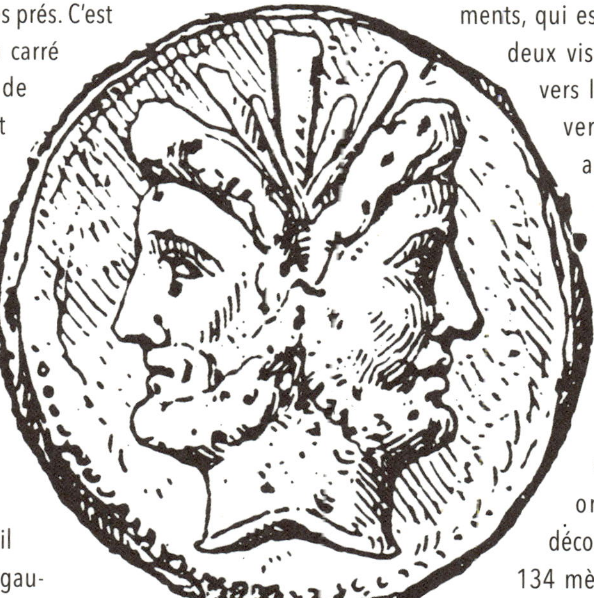

Janus regarde vers le passé et le futur.

Au XVIe siècle, l'historien Pierre de Saint-Julien de Balleure a associé le temple à Janus, divinité du passage, des portes, des commencements, qui est représenté avec deux visages, l'un tourné vers le passé et l'autre vers l'avenir. Mais aucune découverte archéologique ne vient confirmer son hypothèse. Des campagnes réalisées en 1976 grâce à des prises de vues aériennes ont permis de découvrir un théâtre de 134 mètres de diamètre, sept temples ou chapelles, des thermes et des maisons d'habitation. La mise au jour de petits vases qui servaient d'offrandes confirme le rôle cultuel du temple. Les fouilles

Le temple de Janus à Autun, un casse-tête pour les archéologues.

les plus récentes ont mis au jour un vaste quartier de potiers. Le temple était donc inséré dans un ensemble urbain très complet, on ignore toutefois quelle divinité y était révérée, et quelles statues pouvaient figurer dans les niches Le quartier dit du Genetoye à cause des genêts qui y poussaient n'a pas fini de révéler ses secrets.
La ville d'Autun (Augustodunum) recèle d'autres vestiges gallo-romains : un imposant théâtre, la porte Saint-André et la porte d'Arroux, dont le décor a été imité dans la cathédrale romane dédiée à saint Lazare, et les remparts proches de la tour des Ursulines.
Chaque année en été, un spectacle son et lumière baptisé « Augustodunum » fait revivre l'histoire bimillénaire de la cité.

LA PIERRE-QUI-VIRE EN MORVAN

On ne compte plus les histoires où la cupidité conduit au drame, surtout lorsqu'on veut dérober des trésors enfouis…

La roche de la Pierre-qui-Vire, considérée longtemps comme un dolmen, était jadis réputée comme un lieu consacré à l'idolâtrie, on raconte que les Druides y sacrifiaient des animaux et même des humains.

Une pierre qui fut peut-être le témoin de terribles sacrifices humains.

C'était un lieu maudit, quiconque s'en approchait voyait ses cheveux se dresser sur la tête et était pris de sueurs froides. La pierre virait trois fois lorsque minuit sonnait au clocher de Vaumarin, et la nuit de Noël, elle découvrait une crypte regorgeant de trésors fabuleux. Une jeune paysanne, Jeannette, décida de profiter de l'aubaine. Au lieu de se rendre à la messe de minuit, elle s'approcha de la roche, son bébé dans les bras. Et, en effet, au premier coup de minuit, la roche s'entrouvrit. Elle descendit dans la cavité ouverte, déposa son enfant sur le sol pour mieux récolter les richesses apparues. Au douzième coup, alors que la roche commençait à se remettre en place, elle s'échappa de justesse, mais oublia le bébé au fond de la crypte. De retour de la messe de minuit, son mari furieux jeta sur un tas de fumier « l'or du diable », qui aussitôt se transforma en charbon. Un an après, l'épouse retourna vers la roche et découvrit à minuit son enfant qui se réveillait. Un ange lui apparut pour la mettre en garde contre les tentations du diable. Il interdit ensuite à la pierre de tourner et traça une croix au sommet du bloc. Au même moment, la chapelle de Vaumarin disparut à jamais.

L'abbaye de la Pierre-qui-Vire

Le père Muard.

Située dans le Morvan à proximité de Saint-Léger-Vauban, l'abbaye de la Pierre-qui-Vire a été fondée en 1850 par Jean-Baptiste Muard, originaire du Tonnerrois. C'est sur son initiative que la roche a été surmontée en 1853 d'une grande statue de la Vierge Marie, comme pour sanctifier un lieu autrefois réputé comme foyer du paganisme. La règle de Saint-Benoît fut adoptée six ans plus tard. Après avoir été expulsée par deux fois, la communauté est revenue sur les lieux en 1920. En 1951, sur l'initiative de l'abbé Grivot, curé d'Autun, fut créé un atelier où furent composés et imprimés jusqu'en 2001, les livres des éditions Zodiaque, spécialisées dans l'art roman. La ferme qui est une dépendance de l'abbaye s'est spécialisée dès 1969 dans l'agriculture biologique, on y produit des fromages fermiers de chèvre et de vache.

Inauguration d'une statue de la Vierge à la Pierre-qui-Vire.

LE MYSTÈRE DES SARCOPHAGES DE QUARRÉ-LES-TOMBES

Quels affrontements mortels ont conduit à cet alignement de sarcophages autour de l'église ?

L'alignement de sarcophages à proximité de l'église Saint-Georges à Quarré-les-Tombes, dans le Morvan, a toujours intrigué les archéologues. Au nombre de 115, ils sont en calcaire et de forme trapézoïdale. Ils ont été découverts vides et plusieurs fois déplacés, si bien qu'il est impossible de connaître leur disposition initiale et d'en tirer des conclusions. Ils ont été transférés du cimetière voisin à leur emplacement actuel en 1869. Plusieurs légendes les entourent. L'une d'elles évoque une bataille qui aurait eu lieu au IXe siècle à Champ-Culan et aurait opposé des chevaliers de la région à des envahisseurs vikings.

De l'usage des sarcophages

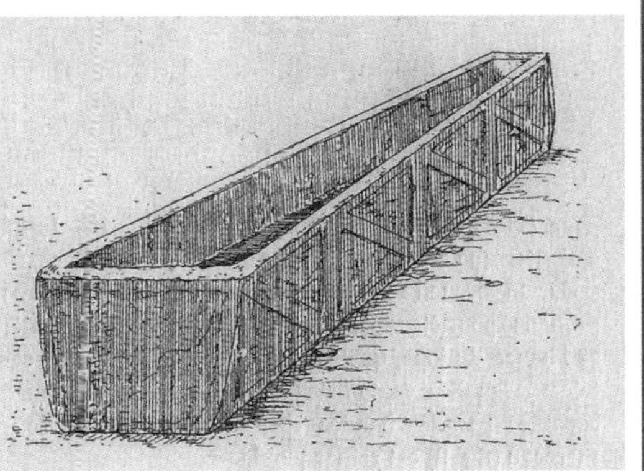

La pratique consistant à inhumer les défunts dans des sarcophages est fréquemment observée en Gaule à l'époque mérovingienne, du VIe au VIIIe siècles. Ils étaient onéreux et réservés aux classes sociales les plus aisées, comme les membres de l'aristocratie militaire. En Bourgogne, deux d'entre eux ont fait l'objet d'un culte : celui de saint Bénigne à Dijon et celui de saint Germain dans la crypte d'Auxerre, connue pour ses peintures murales. Ce dernier étant menacé lors d'attaques ennemies, une réplique du sarcophage avait été placée au-dessus de l'authentique.

Saint Georges terrassant le Mal.

Les sarcophages auraient été envoyés par saint Georges pour servir de sépulture aux soldats tombés au combat. Une autre légende fait allusion à un combat mené par saint Georges en personne contre les Sarrasins à Champ-Culan au VIIIe siècle. Enfin, des textes apparus en 1330 décrivent une bataille entre Girard de Roussillon et le roi Charles le Chauve à Pierre-Perthuis. Pendant un temps, les archéologues ont émis l'hypothèse d'une fabrique de sarcophages située sur la route très fréquentée entre Autun et Auxerre. Aujourd'hui, on pense qu'il s'agit d'une nécropole de l'époque mérovingienne placée sous la protection de saint Georges.

PIERRE APRÈS PIERRE, GUÉDELON SORT DE TERRE

Construire un château fort médiéval en utilisant les techniques de l'époque : telle est la gageure à l'origine du chantier de Guédelon dans l'Yonne, sur la commune de Treigny.

Michel Guyot, concepteur du projet, n'est pas un novice en matière de châteaux : il a restauré celui tout proche de Saint-Fargeau où il a créé un « son et lumière » qui attire chaque été les foules. Une équipe d'historiens, d'archéologues et de spécialistes des châteaux forts décide de tenter l'aventure. Un site naturel est trouvé en forêt de Guédelon, une ancienne carrière de grès, avec une forêt de chênes et de l'eau, trois éléments indispensables à la construction. On imagine la surprise de la mairie et de la préfecture lorsque fut déposée une demande de permis de construire un château médiéval. Les initiateurs ont mis en place une méthode qui consiste à étudier d'abord des châteaux du XIIIe siècle, de l'époque de Philippe Auguste : en Bourgogne, on peut citer Ratilly dans l'Yonne et La Motte-Josserand dans la Nièvre. Une première équipe est constituée, la première pierre est posée le 20 juin 1997, le chantier est initialement prévu sur une durée de vingt-cinq ans. Sous la direction du maître d'œuvre Florian Renucci, des carriers, tailleurs de pierre, maçons, bûcherons, charpentiers, forgerons, tuiliers, charretiers et cordiers transforment la pierre, le bois et la terre.

Les débuts

Au cours de l'hiver 1997, les premiers « oeuvriers » entrent dans une carrière abandonnée entourée de chênes. Ils sont quatre autour de Maryline Martin, directrice du projet : deux tailleurs de pierre, un maçon, un charpentier. Le week-end, trente bénévoles de l'association des compagnons bâtisseurs de Puisaye viennent prêter main forte. L'aventure commence, elle devrait s'achever en 2025.

La coordinatrice du projet est Maryline Martin. L'entreprise est financée grâce aux entrées (300 000 visiteurs par an), à la boutique et aux restaurants sur le site. Elle compte soixante-cinq salariés qui sont aidés dans leur tâche par des centaines de « bâtisseurs temporaires » : stagiaires des écoles professionnelles ou amateurs de vieilles pierres. Sur le site, les « oeuvriers » font également œuvre de pédagogie : ils expliquent au public les savoir-faire ancestraux : comment extraire des pierres, monter une voûte, forger une pièce, assembler une charpente, fabriquer une tuile, utiliser des engins de levage. Le plus spectaculaire est la « cage à écureuil », une roue actionnée par l'homme qui se trouve à l'intérieur. Le chantier est suivi par un comité scientifique, il offre l'opportunité unique de confronter des savoirs livresques avec des techniques expérimentées sur le site. Pour l'accès et les horaires de visite, consulter le site Web www.guedelon.fr.

Une construction avec les outils et les techniques du Moyen Âge.

Les Gaulois abandonnent leur ville perchée de Bibracte et s'installent dans la nouvelle ville d'Autun construite par les Romains.

CONTES ET LÉGENDES

CHAPITRE QUATRE

À quoi ressemble le diable ? – La vouivre de Mont-Saint-Jean et la vivre de Couches – Mâlain, village maléfique ? – Chéu dans l'Yonne, pays de sorciers – Nuits de sabbat sur les rives du Meusin – Tragédies de l'amour en Clunysois : Thilda – Le feu du charbonnier du bois de la Faye – Mélusine au château de Maulnes – Roches de légendes en Morvan – Légende de Gabrielle de Vergy – Légende de l'abbaye Sainte-Marguerite à Bouilland – La Belle Pierre – De la roche de Solutré à la roche de Vergisson, le vol de la bête faramine

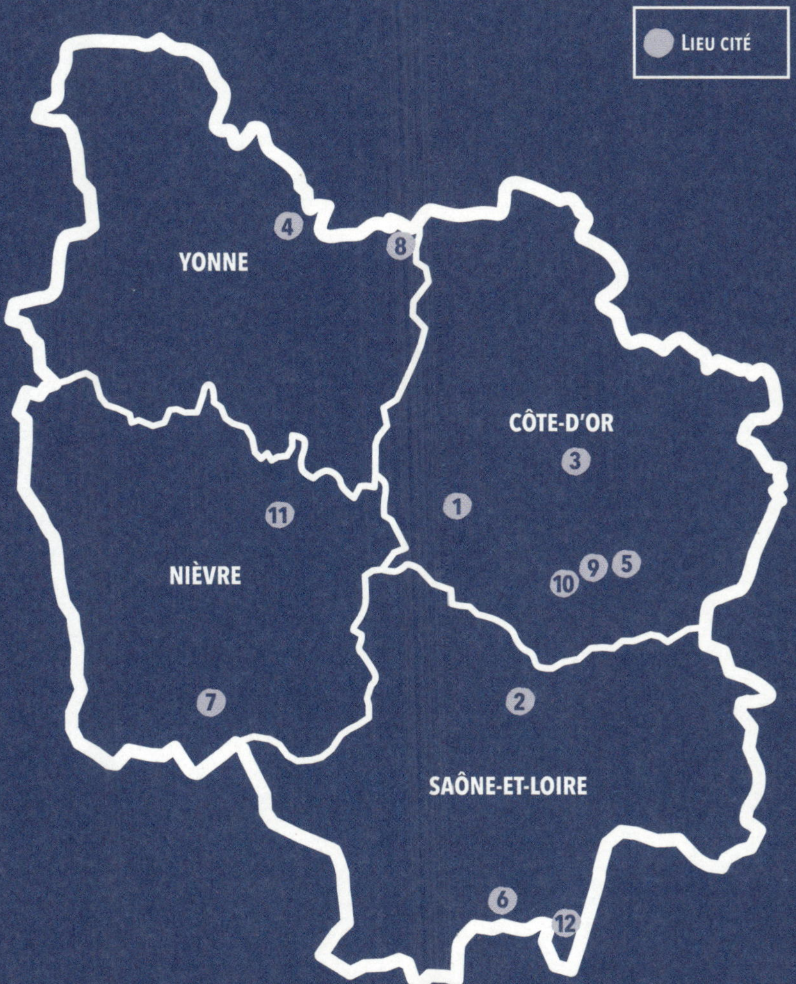

1 Mont-Saint-Jean
2 Couches
3 Mâlain
4 Chéu
5 Nuits-Saint-Georges
6 Clermain, Matour
7 Bois de Faye
8 Cruzy-le-Châtel
9 Vergy
10 Bouilland
11 Montliffé
12 Vergisson

« Tu as marché, marché, marché…
En marchant, tu t'es baigné dans la vouivre,
t'as respiré son haleine par toute la surface de ta peau et
la plante de tes pieds. Tu t'es imbibé de l'esprit du monde ! »
(Henri Vincenot, *Les étoiles de Compostelle*)

Parmi les animaux légendaires, la vouivre, célébrée par Henri Vincenot, semble affectionner la Bourgogne. Son nom est dérivé de l'ancien français *guivre*, qui signifiait « serpent ». L'orthographe diffère selon les régions : *vivre* à Couches, *wivre* au mont Beuvray, *vouivre* dans la plupart des cas. À Vergisson, elle devient la bête faramine. Sa légende est attestée dans trois des quatre départements de la Bourgogne, la seule exception étant l'Yonne. Elle est décrite comme un serpent qui possède deux ailes de chauve-souris lui permettant de voler. Elle porte incrustée dans le front une pierre précieuse, rubis ou diamant, appelée escarboucle, qui lui permet de voir la nuit. Elle affectionne les grottes et les points d'eau : étangs, sources ou bassins. Avant de boire ou de se baigner, elle cache son escarboucle sous une touffe d'herbe ou sous une pierre. Elle est gardienne d'un trésor et ne devient agressive et meurtrière que si l'on essaie de s'en emparer.

La province connait aussi son lot de sorcières, comme la Beuffenie qui s'en prend aux mauvaises fileuses ou aux enfants. Mélusine, mi-femme, mi-serpent, a des avatars en Bourgogne, elle hante les ruines du château de Maulnes ou prend le nom de mère Lousine pour attirer les enfants trop proches des puits, cours d'eau ou citernes.

La bête Faramine, abattue en plein vol.

La vouivre, créature emblématique de la Bourgogne.

Le diable est toujours à l'affût, soit lorsqu'il poursuit une jeune fille près de la fosse Dionne de Tonnerre ou une damoiselle de Vergy à Bouilland. Il préside à des scènes de sabbat et s'efforce de détourner les chrétiens de leur devoir dominical en semant des embûches sur le chemin de l'église. Des villages entiers lui sont dévoués : Mâlain au nom prédestiné et Chéu dans l'Yonne.

Le diable peuple souvent les légendes bourguignonnes.

À QUOI RESSEMBLE LE DIABLE ?

Raoul Glaber, qui a eu trois visions du diable, le décrit en ces termes : « De petite taille, la poitrine bossue, le front bas, une large bouche laissait voir une mâchoire semblable à celle des chiens, ses cheveux étaient hérissés, ses mouvements convulsifs. » *(Chroniques, traduction de E. Pognon)*

C'est exactement ainsi qu'il apparaît sur un chapiteau du narthex de Vézelay illustrant la tentation de saint Benoît. À Saulieu, Satan revêt la forme d'un homme ailé au museau pointu, comme celui d'un fourmilier. C'est la transcription d'une vision apparue à un moine de Cluny et décrite par l'abbé Pierre le Vénérable.
Au tympan d'Autun, on voit saint Michel placer dans le plateau de la balance du Jugement dernier un petit être bien fait, emblème de la vertu, tandis que Satan met de l'autre côté un être difforme, symbole du vice. Ce dernier s'efforce de faire incliner la balance de son côté, pendant qu'un autre démon ajoute un reptile au poids de l'âme pour fausser la pesée. Malgré tous leurs efforts, c'est le Bien qui triomphe du Mal.
Sur un des chapiteaux de la galerie du narthex à Vézelay, un ange tient par la main un petit être humain poursuivi par un démon, un ange perce d'une flèche un second diable qui aide le premier. Pour faire bonne mesure, le diable pose sur le plateau de la balance ses griffes afin de la faire incliner de son côté.

Sur ce chapiteau de l'église de Vézelay, un homme riche et orgueilleux est arraché de son palais par trois démons.

De nombreux chapiteaux de Vézelay sont peuplés de démons. Sur l'un d'eux illustrant la volupté, à côté d'une femme dont les seins sont dévorés par un serpent, le diable est représenté avec des flammes dans les cheveux. Toujours à Vézelay, un chapiteau représente Moïse et le veau d'or, de la gueule duquel sort un diable. Une autre scène présente un moine entre deux diables qui lui tirent la barbe, même au monastère, il n'est pas à l'abri du péché.
Le diable est le grand tentateur. Au portail de la cathédrale d'Auxerre, son corps écaillé est surmonté d'une tête d'ange, il entretient avec Ève une conversation perfide.

Dans *Le diable présentant à saint Augustin le livre des vices*,
Michael Pache représente le diable sous une apparence très repoussante.

LA VOUIVRE DE MONT-SAINT-JEAN ET LA VIVRE DE COUCHES

« Escarboucle : nom donné autrefois à une variété de grenat rouge foncé d'un vif éclat. » (Le Robert)

La vouivre de Mont-Saint-Jean est décrite comme une sirène au corps de femme avec une queue de poisson. La vigneronne Gervaise, femme austère, était connue dans la région pour son avarice, malgré sa richesse. En fouillant dans les papiers de son défunt mari, elle découvre que le

seigneur de Mont-Saint-Jean lui avait légué, en plus des vignes, un trésor. Celui-ci est gardé par une vouivre, installée dans une grande salle, elle éloigne à coups de queue quiconque veut s'en approcher. Bravant le danger, Gervaise voit une roche qui s'ouvre et s'introduit de nuit dans la salle du trésor. Elle remplit son tablier de pierres précieuses, lorsqu'elle est surprise par la vouivre qui arrive dans un grand vrombissement. Affolée, elle quitte la caverne, oubliant son fils prisonnier de la roche qui s'est refermée. Sa voisine lui explique que la vouivre a capturé le petit Louis. Éplorée, elle décide de s'amender et commence à distribuer les pièces d'or du trésor aux pauvres. Pour la récompenser, la vouivre lui rend son enfant, et la veuve continue d'œuvrer en faveur des déshérités. La vivre de Couches ressemble à un monstre préhistorique. En 1328, après un hiver particulièrement rigoureux, elle apparaît et sème la terreur dans la contrée, dévorant les enfants. À chaque tentative pour la capturer, elle massacre ses assaillants. Sur les conseils du vieux sage Sapiens, on fait appel à un magicien nommé Yoata. Celui-ci réussit à envoûter la vivre au son de sa flûte, il la conduit jusqu'au four où on veut la faire rôtir. Elle disparaît dans les flammes en poussant des cris si terrifiants que les habitants s'enfuient, abandonnant le magicien qui périt au milieu du brasier.

À partir de 1888, la fête de la Vivre est instituée en commémoration de cette légende. Elle est renouvelée tous les vingt ans. Le thème est immuable : c'est la chasse à un monstre accusé de tous les fléaux dont souffrait la région.

La légende de la vouivre.

MÂLAIN, VILLAGE MALÉFIQUE ?

Où il est question de Cérès, de sa fille Proserpine, du gardien des enfers et du trou du diable.

Le village de Mâlain en Côte-d'Or comptait aux temps jadis 666 habitants, chiffre considéré comme maléfique depuis l'Apocalypse. Par rapprochement avec son nom qui évoque le diable, plusieurs légendes entourent ce site. L'une d'entre elles concerne le « trou du diable », situé en contrebas des ruines du château, encore debout aujourd'hui. Un jour Pluton, dieu des Enfers, enleva Proserpine, fille de Cérès, et l'entraîna dans les entrailles de cette grotte. Éplorée, Cérès partit à la recherche de sa fille, elle rencontra le jeune Gaulois Alois qui affirma avoir vu un homme noir l'enlever. Il la conduisit au trou du diable, considéré comme la porte des enfers. Pluton ayant épousé Proserpine, Cérès ne put rien faire. Afin de consoler Alois, elle détacha de sa couronne de déesse un épi, elle mit un grain en terre, en un lieu bien exposé au soleil. La graine germa, le champ se couvrit d'épis d'or. Cérès enseigna ensuite à Alois comment faire du pain, et les Gaulois purent désormais profiter de ces deux bienfaits. Mais les succès d'Alois avaient fait des jaloux : un vieux druide, qui avait été son maître, le noya dans les eaux au fond de la vallée. Mâlain, qui compte aujourd'hui 743 habitants, se trouve à 25 kilomètres de Dijon, on y accède par la voie express Dijon-Pouilly-en-Auxois, sortie Pont-de-Pany. On peut également s'y rendre en TER.

Les vestiges du château (donjon, logis, enceintes) sont encore visibles sur le site. Dans le « trou du diable », les archéologues ont découvert des céramiques néolithiques et des vases de l'âge du bronze, exposés au musée du village.

L'église de Mâlain.

Proserpine, enlevée par Pluton, gardien des Enfers, sera-t-elle sauvée par Cérès, sa mère ?

CHÉU DANS L'YONNE, PAYS DE SORCIERS

Des procès en sorcellerie et des jugements de Dieu en cascade dépeuplent un village maudit, jusqu'au jour où l'on change les règles...

Une pesante ambiance régnait aux temps jadis à Chéu près de Saint-Florentin dans l'Yonne. Des animaux d'ordinaire paisibles étaient pris de folie, de vieilles femmes se mettaient à danser, on clouait des hiboux à la porte des granges, et la nuit ce n'étaient que hululements, miaulements, gémissements et ricanements, plus personne n'osait sortir de chez lui. On se mit à brûler des sorcières, puis à immoler des enfants, mais rien n'y fit. Pour mettre fin au fléau, on décida de soumettre les suspects de sorcellerie au Jugement de Dieu. On les jeta pieds et poings liés dans l'Yonne, mais tous remontèrent vivants à la surface, signe que Dieu les avait sauvés. Il fut alors décidé de jeter tous les paysans à l'eau, Dieu reconnaîtrait bien les siens.

Le flottage du bois

Au XVIe siècle, l'Yonne servait au flottage de trains de bois du Morvan destiné au chauffage de la région parisienne Des trains de bois qui représentaient environ 200 stères chacun étaient convoyés sur la Cure et l'Yonne par des « flotteurs » munis de grandes perches jusqu'à Montereau, où l'Yonne rejoint la Seine. Le trajet du bois s'achevait quai de Bercy à Paris, après huit jours de trajet en moyenne. Cette activité dont Clamecy était le centre perdura jusqu'à ce que le charbon supplante le bois à la fin du XIXe siècle.

Du bois pour chauffer les Parisiens.

Bûcher de sorcières : il faut toujours des boucs émissaires.

S'ils coulaient et se noyaient, c'était que Dieu avait décidé de les rappeler à lui. Si, en revanche, ils surnageaient, cela voulait dire qu'il les avait repoussés. Les rescapés étaient hissés sur le bûcher et brûlés. Jusqu'en 1691, les habitants de Chéu vécurent dans la hantise de montrer s'ils étaient du diable ou du Bon Dieu. Cette année-là en effet, le Parlement de Paris décida d'en revenir à la première interprétation du test : les survivants étaient miraculés et on les épargnait. Selon une autre version, le village aurait été à cette date victime d'un incendie qui l'aurait purifié. (D'après André Segaud, *Une ville, une histoire*.)

NUITS DE SABBAT SUR LES RIVES DU MEUSIN

Lorsque l'enchanteur Renaud festoyait chez son voisin Lucifer, au milieu des fées, des magiciens et des sorcières, un vrai sabbat.

Connaissez-vous les trous-légers ? Ce sont des grottes au flanc de la colline au-dessus du Muzin, c'est là que les fées de la région de Nuits-Saint-Georges ont établi leur palais. À sept pas d'ici, au milieu d'une île enserrée par la rivière et plantée de noyers, se trouve la clairière du Pasquier, lieu de rendez-vous les soirs de sabbat de toutes les créatures maléfiques des alentours. Lucifer y reçoit ses hôtes, il fait lui-même la cuisine dans un immense chaudron. Parmi les invités, vous trouverez toujours l'enchanteur Renaud qui vient en voisin, car il habite depuis plus d'un millénaire dans son château de Concoeur, dont les ruines sont aujourd'hui recouvertes par les ronces. Il arrive à la tête d'une troupe de magiciens qui errent dans la vallée, toujours à la recherche d'un mauvais coup.

À peine le dernier coup de minuit a-t-il retenti au beffroi de la ville de Nuits, que la troupe se met en route pour le Pasquier. Vient d'abord un immense char tiré par douze chevaux noirs ailés dont les naseaux crachent du feu. Le diable, l'enchanteur Renaud et les princes des géants y ont pris place. Puis arrivent deux carrosses attelés chacun de six blancs destriers ailés, où se trouvent les fées richement vêtues et parées, avec des pierres précieuses et des étoiles d'or dans leurs cheveux blonds. Elles sont suivies des magiciens errants qui tournoient autour du carrosse. Un ricanement de Lucifer donne le signal du début du banquet, les musiciens accompagnent la sarabande effrénée. Non loin de là, dans le village de Vosne, un homme nommé Vivant, essaya de dérober une coupe d'argent pour sa bien-aimée en plein milieu du sabbat, mais jamais on ne le revit.

Nuits-Saint-Georges : de la terre à la lune

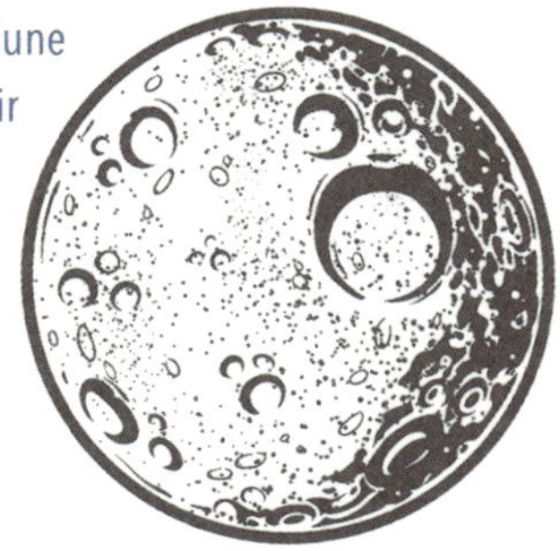

Le 31 mai 1971, les astronautes américains qui arrivent sur la lune décident de baptiser un des cratères « Saint-Georges » en souvenir de Jules Verne. Celui-ci raconte en effet dans son roman *De la Terre à la Lune* que, lors de leur expédition, les astronautes avaient fait provision de vin de Nuits-Saint-Georges. Un an plus tard, l'un des astronautes, David Scott, était reçu par la municipalité et pouvait déguster une cuvée spécialement créée à cette occasion.

Un ricanement de Lucifer donne le signal du banquet…

TRAGÉDIES DE L'AMOUR EN CLUNYSOIS : THILDA

Quand la fille d'un baron s'éprend d'un ménestrel, oublie sa promesse et provoque un drame.

Dans un petit bois de sapins entre Clermain et Matour, au sud de Cluny, on peut voir le socle d'une croix. À proximité de cet emplacement se trouvait jadis le fier manoir du baron de Maslefort. Le propriétaire menait grand train, mais ce qui frappait surtout les hôtes, c'était la beauté de sa fille Thilda, une brune aux yeux clairs et aux longs cheveux soyeux. Mais aucun chevalier n'était parvenu à lui plaire. Le soir, quand le château était endormi, une voix harmonieuse s'élevait de la vallée, elle chantait :

« Dame dont le sourire
Captive pauvre cœur
Qui souffre et n'ose dire
L'excès de sa douleur.
Ah ! Laisse-toi fléchir
Ou me faudra mourir ! »
(auteur anonyme)

Toutes les nuits, Thilda se glissait hors du château par un escalier secret et rejoignait Francel, célèbre ménestrel. Dans ses bras, elle lui avait juré fidélité. Mais Francel dut répondre à l'appel de son seigneur qui guerroyait au loin. Pendant trois ans, Thilda n'eut aucune nouvelle, son père malade la pressait d'épouser son cousin Hugues de Combernon. Elle finit par céder, même si son futur époux, grand chasseur devant l'Éternel et buveur notoire, n'avait rien pour lui plaire.

Trois années passèrent. Une nuit, sire Hugues dormait profondément lorsqu'il fut tiré de son sommeil par un chant venu de la vallée :

« Dame dont le sourire
Captive pauvre cœur… »

Armé chevalier et devenu capitaine, Francel venait demander la main de celle qu'il n'avait cessé de porter en son coeur. Le mari s'habilla à la hâte, prit son épée et sortit par la poterne. Ayant entendu des cris, Thilda s'élança au dehors, un macabre spectacle l'attendait dans le bois de sapins : les cadavres de son époux et de son amant. Elle se saisit du poignard à côté de Francel et se l'enfonça dans la poitrine.

Un ménestrel qui pourrait bien être l'amant de Thilda.

LE FEU DU CHARBONNIER DU BOIS DE LA FAYE

Un gentilhomme qui faisait partie de l'entourage de Guillaume, comte de Nevers, était un passionné de chasse. S'étant égaré en chemin à la nuit tombante, il trouva refuge dans la cabane d'un charbonnier.

Les charbonniers du bois de la Faye.

La couche était malcommode, il avait du mal à s'endormir et à minuit, il vit arriver un cavalier avec une femme en croupe. Les deux mirent pied à terre, et l'homme donna deux ou trois coups de dague à la femme puis il la jeta dans le brasier du charbonnier, avant de la rejoindre. Mais aussitôt la vision s'évanouit, et le gentilhomme ne put dormir le reste de la nuit. Au matin, il raconta à son suzerain, le comte de Nevers, cette étrange vision. Celui-ci décida d'aller passer la nuit dans la cabane du charbonnier, et dans la nuit il assista au même meurtre.

Il prit des renseignements autour de lui et apprit qu'un drame s'était déroulé près de la cabane. Un domestique, qui était follement amoureux d'une femme mariée, avait poignardé le mari de celle-ci pour pouvoir vivre avec elle. Afin de conjurer le sort, le comte de Nevers fit bâtir le monastère de Faye, dont les ruines éparses se trouvent dans les bois.

La hutte du charbonnier

Très nombreux en Morvan, les charbonniers suivaient les coupes des bûcherons. Pour monter une meule, on disposait deux ou trois couches de bois et de charbonnette autour d'une cheminée centrale, que l'on recouvrait ensuite de feuilles, de mousse et de terre battue. On introduisait un bois enflammé dans la cheminée centrale. Le feu ne devait pas se propager trop vite ou trop lentement, la qualité du charbon produit en dépendait. Après une lente combustion et refroidissement, le charbon de bois était trié puis livré dans des sacs. Le métier était pénible, mais c'était un des mieux payés.

Les charbonniers s'installaient plusieurs mois sur place, en groupe ou en famille. Cette activité qui existait en Morvan dès le XVIe siècle a perduré jusqu'au début du XXe siècle, elle a temporairement repris entre 1940 et 1947.

MÉLUSINE AU CHÂTEAU DE MAULNES

Mi-femme, mi-serpent, la fée Mélusine s'est unie à Hercule selon Hérodote. Après être passée par le Poitou, elle arrive en Bourgogne.

Mélusine s'était déguisée en châtelaine pour mieux tourmenter les habitants d'Anthonnay qu'elle détestait. Elle vint s'installer dans un château situé dans la forêt de Maulnes, commune de Cruzy-le-Châtel. Elle se montra cruelle et tyrannique envers tous les habitants, sauf envers Suzanne, sa femme de chambre, à qui elle s'était attachée. Un jour les habitants d'Anthonnay se révoltèrent et se barricadèrent dans leur commune. Mélusine remporta le siège et se vengea, massacrant les habitants et incendiant les chaumières. Tous ses domestiques la félicitèrent de son courage, sauf Suzanne qui osa exprimer son chagrin. Furieuse, Mélusine la précipita au fond du puits dans la cour du château. Revenue à la raison, elle se jeta désespérée à son tour dans le puits. Désormais, le fantôme de Mélusine rôde autour de son ancien manoir en criant : « Maulnes ! Maulnes ! Tant que Maulnes sera, malheureuse sera . » Les voyageurs attardés étaient bousculés et battus, ils tombaient dans un profond sommeil dont ils ne sortaient que le lendemain, glacés par la rosée, les membres raides et la tête endolorie. Les enfants qui s'aventuraient près du château disparaissaient, on entendait des voix qui criaient : « Suzanne... Suzanne. »

Au château de Maulnes, il ne faut pas avoir peur des fantômes...

La fée Mélusine, femme serpent jusqu'à l'arrivée d'un prince charmant.

En passant devant les ruines du château, les habitants d'Anthonnay ont pris l'habitude de jeter des pierres dans sa direction, un monticule s'est formé dans la cour. Le château de Maulnes est situé aux confins de l'Yonne à proximité de Tonnerre, Ancy-le-Franc et Tanlay. C'est également un château Renaissance de la fin du XVIe siècle, sur un plan très particulier : un trapèze autour d'un escalier-puits. Aujourd'hui propriété du département, il se visite selon des horaires variables (tél. : 03 86 72 92 10).

ROCHES DE LÉGENDES EN MORVAN

Le vieux massif granitique du Morvan, à la proue du Massif central, est riche en assemblages rocheux aux formes bizarres, propices à nourrir l'imagination des habitants. On ne compte plus le nombre légendes qui y sont attachées.

À Saint-Léger-Vauban, face à l'école communale, se trouve une pierre que le diable aurait jetée, après avoir perdu un pari avec le curé du village. À Alligny-en-Morvan, dans le bois de Rondeaux près d'un ruisseau, un bloc de granit porte la marque d'un pas du diable.

À La Roche-en-Brenil, entre Avallon et Saulieu, se dresse la roche du Poron-Meurger. Le diable y aurait fait un pari avec le bon Dieu. S'il parvenait à bloquer la sortie de l'église du village avec un énorme rocher venant de loin, avant la fin de la messe, il obtiendrait toutes les âmes des paroissiens qui se trouvaient à l'intérieur. Mais il arriva trop tard et jeta la pierre dans la forêt, laissant dans la roche l'empreinte de sa charge sur les épaules. La cavité la plus profonde s'appelle le « fauteuil du diable ».

À Dompierre-en-Morvan, près du lieu-dit « Pierre Grosse », se trouve le fauteuil du diable. Selon la légende, tous les ans, le jour des Rameaux, elle s'ouvre en deux au moment où la procession sort de l'église de La Roche-en-Brenil, découvrant une grotte pleine de trésors. Dès que la procession entre de nouveau dans l'église, la roche se referme sur les malheureux qui ont osé y pénétrer.

Une fois par an, le jour de Pâques, la vouivre avait coutume de cacher ses trésors sous une pierre située à Saint-Léger-sous-Beuvray. Lors de la messe pascale, une femme se rendit à la pierre avec son bébé. Elle s'empara d'un maximum de joyaux et d'or, finit par oublier le temps, et réussit à s'échapper juste avant que la pierre se referme sur elle. Mais son bébé était resté prisonnier. Désespérée, elle alla trouver le curé qui lui conseilla de retourner pendant un an à la pierre et d'y verser du lait et du miel. Au bout d'une année, le jour de Pâques, elle retrouva près de la Fontaine aux larmes son enfant en bonne santé, qui avait vieilli d'un an.

Derrière chaque rocher du Morvan se cachent mille légendes.

LÉGENDE DE GABRIELLE DE VERGY

Une histoire qui met en scène à l'époque des croisades, un chevalier, une noble dame et un comte irascible et finit par un drame.

Le chevalier Raoul de Coucy, ami du roi Philippe Auguste, était tombé amoureux de Gabrielle de Vergy, mais celle-ci avait dû épouser, de par la volonté de son père, le comte Raynaud de Fayel, décrit comme farouche et violent, mais fortuné. Raoul participe à la croisade partie de Vézelay à l'appel de saint Bernard, en compagnie du père de Gabrielle et aux côtés du roi de France. Lors du siège de Saint-Jean d'Acre, il sauve la vie du roi en faisant un rempart de son corps, il est mortellement blessé. Sur son lit de mort, il confie à un de ses fidèles, Monlac, une mission.

Les ruines de l'abbaye de Saint-Vivant

En 890, le sire de Vergy accueillait les moines chassés par les Vikings portant les reliques de saint Vivant, qui était venu de Palestine pour évangéliser le Poitou. Une abbaye fut édifiée dans la région de Curtil-Vergy, elle passa à la fin du XIe siècle sous l'obédience de Cluny. Il subsiste aujourd'hui des ruines dont la préservation est assurée par l'association abbaye de Saint-Vivant. Les caves et la carcasse de pierre de l'ancienne église envahie par la végétation sont toujours visibles.

L'abbaye en 1772.

Pour se venger de l'infidélité de sa femme, Gabrielle de Vergy, Eudes de Fayel lui fait manger à son insu le cœur de son amant, Raoul de Coucy.

De retour en France, Monlac rôde autour du château de Gabrielle de Vergy lorsqu'il est surpris par le comte de Fayel. Il s'avère qu'il est porteur d'une lettre à sa bien-aimée et d'une boîte en or contenant le cœur de Raoul. Il lui envoie son cœur, gage de son amour. Quelque temps après, Gabrielle était en train de dîner dans sa chambre lorsque son mari vint assister au repas et lui déclara : « Mangez, madame, ce que vous mangez doit être pour vous un mets délicat ! C'est le cœur de Raoul de Coucy. » Il lui tendit la lettre, mais elle perdit connaissance. Le contenu du message prouvait que Gabrielle avait toujours repoussé les avances de Raoul, même si elle avait une tendre inclination pour lui, elle était restée fidèle. Le comte de Fayel s'aperçut de son erreur et fut pris de remords, en vain il implora le pardon de son épouse, dont le chagrin n'avait plus de bornes. Un soir, il fit seller son cheval et alla trouver refuge dans un monastère dont il connaissait l'abbé. Il y passa le reste de ses jours à prier et à expier le forfait qu'il avait commis par la pénitence.

LÉGENDE DE L'ABBAYE SAINTE-MARGUERITE À BOUILLAND

Quand une jeune fille traquée par un chevalier noir demande l'aide divine.

Marguerite, dame de Vergy, aimait bien suivre les chasses organisées par les seigneurs dans les bois de Bouilland. Au cours de l'une d'elles, elle rendit visite à l'ermite du mont Borey.

Sur le chemin du retour, elle vit derrière elle un chevalier à l'armure noire qui la poursuivait. Elle talonna sa monture, mais son poursuivant se rapprochait de plus en plus. Elle se perdit dans les bosquets et se retrouva devant une roche infranchissable. Elle implora à genoux l'aide du Seigneur, et aussitôt la roche s'ouvrit, lui dégageant un vaste passage.

Le mystérieux chevalier.

Une odeur de soufre se répandit dans la vallée, tandis que le chevalier noir – c'était bien sûr le diable – tournait bride dans un nuage de fumée. Marguerite poursuivit son chemin et trouva une fontaine au bord de laquelle elle s'agenouilla pour remercier le ciel de sa providentielle intervention. Elle passa la fin de sa vie dans une maisonnette avoisinante et délivra les habitants d'un dragon qui dévastait la région, sa légende rejoint alors celle de sainte Marthe à Tarascon.

L'abbaye Sainte-Marguerite

Cette abbaye a été fondée vers 1100 grâce à un legs du sire de Vergy consenti aux Antonins, un ordre connu pour ses soins aux pestiférés. Il avait ramené de la croisade des reliques de sainte Marguerite d'Antioche, qui donna son nom à l'abbaye. Après une periode de prospérité, où elle devint propriétaire de vignobles allant jusqu'à Pommard, de forêts, moulins et maisons, l'abbaye périclita à partir de la fin du XVe siècle et finit par tomber en ruine. Il reste aujourd'hui d'impressionnants vestiges de l'église et une tour de l'ancienne enceinte fortifiée. C'est une propriété privée.

Marguerite terrassa le dragon qui terrorisait les habitants.

LA BELLE PIERRE

Dans une ferme fortifiée, qui domine le village de Précy, vivait la famille de La Chaume : trois frères et une sœur. Les trois hommes partirent à la guerre, laissant leur sœur avec une servante.

Quelque temps après apparaissent, à la ferme, trois cavaliers habillés de noir qui revenaient de guerre. La demoiselle reconnaît ses frères et leur sert un repas. Mais au cours de celui-ci, la nourriture tombe sur le sol et brûle aux pieds des cavaliers. La servante essaie en vain d'alerter la demoiselle : ce ne sont pas les trois frères, mais des cavaliers du diable. Après le repas, les hommes proposent à la dame de La Chaume une promenade, elle accepte. Pendant la nuit, elle connaît mille tourments et lorsque retentit le chant du coq, les cavaliers ont disparu et la demoiselle est retrouvée agonisante près de la Belle Pierre. Elle survécut et fit vœu d'aller chaque jour pendant un an à la chapelle de Tressoles, pour être délivrée de son mal.

La Belle Pierre

Située au hameau de Montliffé près de Cervon, la Belle Pierre est un bloc de granit en forme de sarcophage considéré comme le tombeau de la demoiselle de La Chaume. Comme elle s'enfonçait dans le sol, on a voulu un jour la sortir de son trou. Douze bœufs furent attelés à la pierre, mais tous y perdirent leurs cornes, à l'exception d'un bœuf noir. La pierre a servi d'autel à la chapelle de Tressoles, qui est devenue un lieu de pèlerinage. On y venait le lundi de Pâques pour la guérison des enfants malades.

Seul un bœuf noir parvint, sans dommage, à bout de la pierre.

La famille de La Chaume

La famille de La Chaume était propriétaire de fiefs dans la région de Corbigny (Nièvre). Elle a édifié, au XVe siècle, un manoir dont on peut encore voir les ruines, protégées depuis 2010 au titre des Monuments historiques. Le rez-de-chaussée et l'étage abritent deux cheminées gothiques monumentales portant un décor héraldique daté de 1500. Clotilde de La Chaume fait l'objet de la légende de la Belle Pierre.

Peut-être l'un des chevaliers qui tourmenta tant la pauvre demoiselle…

DE LA ROCHE DE SOLUTRÉ À LA ROCHE DE VERGISSON, LE VOL DE LA BÊTE FARAMINE

Lorsqu'elle déployait ses ailes, le ciel s'assombrissait, la bête faramine volait de la butte de la roche de Solutré à la butte de la roche de Vergisson.

Arrivée dans les parages de ce village, elle planait et fondait sur un cabri, une chèvre ou un agneau. À des lieues à la ronde, c'était la panique : les animaux s'enfuyaient lorsqu'ils entendaient le bruit terrible de ses ailes, les moutons détalaient, les vaches beuglaient, les taureaux fonçaient à l'étable, les habitants se terraient chez eux.
Ayant perdu un cabri, un adjoint du village de Vergisson s'en alla trouver le maire pour qu'il lutte contre ce fléau. « Oui, je connais la situation, tu vas

La bête Faramine a vu les chasseurs qui veulent sa fin.

La roche de Solutré à la terrible silhouette.

aller chercher tous les chasseurs de la commune. Branle-bas de combat demain dès l'aube à la mairie, chacun avec un fusil en état de marche et du plomb en quantité suffisante ! » Lui-même fine gâchette, le maire jouissait d'une certaine autorité dans la commune. Le lendemain matin, ils étaient au grand complet à la maison commune. « *Vous allez montrer,* dit le maire, *que vous êtes meilleurs chasseurs que ceux de Solutré ou de Prissey et nous débarrasser de cette bête malfaisante.* »
Une quinzaine d'hommes se mirent aussitôt en route pour Solutré, où la bête avait l'habitude de prendre son envol. Ils traversèrent champs et prairies, enjambèrent les murgers, déchirant leurs pantalons aux ronces. Tout à coup, l'animal se mit à planer au-dessus de leur tête. L'un des chasseurs l'atteignit et le blessa, il se retrouva à terre, bec ouvert, agressif, essayant de fuir. Les chasseurs l'acculèrent à une paroi rocheuse et l'achevèrent. Triomphants, les hommes ramenèrent leur trophée sur la place du Martelet, à Vergisson. Une fois flambé et plumé, le volatile fut pesé : tout juste un quart de livre ! Le maire offrit un tonneau de vin à sa vaillante troupe, l'histoire ne dit pas si c'était du Pouilly-Fuissé.

Un peu d'étymologie

Le mot « faramine » vient du bas latin *feramina*, pluriel neutre de *feramen*, qui signifiait : bête sauvage. Le dérivé familier « faramineux » (fantastique) est toujours en usage.

TABLE DES MATIÈRES

PARTIE 1

PARTIE 2

CHAPITRE TROIS
SOURCES ET ROCHERS

CHAPITRE QUATRE
CONTES ET LÉGENDES

Une civière est transportée dans l'Hôtel-Dieu de Beaune (XVe siècle).

CRÉDITS ICONOGRAPHIQUES

Les illustrations de cet ouvrage sont issues de collections particulières à l'exception de :

Adobe Stock : pages 18 (© jeffreez), 62 (© jKAPY), 91, (© Mannaggia), 105 bas (© Zdenek Sasek), 121 bas (© kapona), 162 (© Birute Vijeikiene), 163 (© Erica Guilane-Nachez), 172 (© klyaksun), 205 (© Mannaggia), 206 haut (© malus_d), 206 bas (© Oleksandr Babich), 207 bas (© Tartila), 222 (© Morphart), 241 (© Archivist), 242 (© benchart), 244 (©~ Bitter ~), 245 haut (© mrvayn), 256 (© Виктория Суслова).
Akg-images : pages 8/9, 44, 45, 123, 217.
Akg-images / ClassicStock / Charles Phelps Cushing : page 43.
Akg-images / Erich Lessing : pages 25, 96.
Akg-images / Fototeca Gilardi : page 177.
Akg-images / Science Source : pages 148, 251.
BnF : pages 67, 73, 82, 83 bas, 120, 174, 182, 220, 223.
BnF / Médiathèque jean Jaurès de Nevers : pages 94,95.
Bridgeman Images : pages 35, 116/117, 139, 156/157, 169.
Bridgeman Images / Archives Charmet : pages 76/77, 89.
Bridgeman Images / © Look and Learn : pages 104, 179, 230/231.
Bridgeman Images / Luisa Ricciarini : page 153.
Bridgeman Images / © MEPL : pages 108, 266.
Bridgeman Images / Photo © Jacques Marthelot : page 219.
Bridgeman Images / © Photo Josse : pages 50/51, 191.
Bridgeman Images / Photo © Leonard de Selva : page 187.
Bridgeman Images / Photo © The Holbarn Archive : page 115.
Bridgeman Images / Pictures from History : page 39.
Bridgeman Images / Stefano Bianchetti : pages 23, 100/101, 196/197, 224, 255.
Bridgeman Images / The Stapleton Collection : pages 56/57.
Bridgeman Images / VCDE : page 21.
Musée de Bretagne : page 145 (N° d'inventaire : 2014.0000.189).
Musée des Forges et Marines de Guerigny : page 74.
Écomusée Creusot Montceau : page 92.
Hemis (© Artokoloro / Alamy Stock Photo) : page 207 haut.
Hemis (© Florilegius / Alamy Stock Photo) : page 212.
Hemis (© Reading Room 2020 / Alamy Stock Photo) : pages 238/329.
Wikimedia Commons : pages 151 (© Olivier Colas), 192 (© Wolfgang H. Wögerer), 193 (© Sebastian Sigler).

Éditeur : Hervé Chirault
Coordination éditoriale : Isabelle Rousseau
Collaboration éditoriale : Madeleine Perrin
Conception graphique : studio graphique des Éditions Ouest-France
Mise en pages : Virginie Letourneur
Photogravure : graph&ti, Cesson-Sévigné (35)
Impression : SEPEC, Péronnas (01) - 08311210711

ISBN 978-2-7373-8429-5
N° d'éditeur : 10524.01.02.10.21
Dépôt légal : Octobre 2021
Imprimé en France
www.editionsouestfrance.fr

IMPRIM'VERT®